心のライフデザイン

自分探しの旅へのマニュアル

渡辺利夫【著】
WATANABE Toshio

ナカニシヤ出版

はじめに

青年期は、親によって作られた自我から自分で作る自我へのグレードアップのための重要な時期である。特に、大学生は青年期後期に属するので、いよいよ自我同一性を獲得する段階である。うまく本来の自分を探し自我同一性が獲得できればよいが、ややもすると、それに失敗し、悩み、精神障害に陥ってしまったりする。自我同一性の獲得は重要な課題である。それによって、自分にはどのような職業が向いているのかが明確になり、就職活動においても自分にあった職場を探すことができるであろうし、また、結婚相手も自分に真に合った人を選ぶことができるであろう。すなわち、自我同一性の獲得は、自分の将来を設計することに関わるのである。では、どのようにすれば、本来の自分、等身大の自分を探すことができるのであろうか。それには、まず、今の自分はどのようにして作られてきたのかを知ることであり、次に、これからどのような自分を作ってゆくのかを決めることである。ライフデザイン、すなわち、人生設計は、自分の人生目標を設定し、その人生目標までの地図を作ることである。自分の将来のためのオリジナルな地図を作り、自分の本来の人生目標に向かい進んでゆくのである。人は、自分自身を最も生かす人生目標を設定し、それに向かって進み、それを通して自己表現を行ってゆくのである。本書は、大学生が本来の自分を探すための旅に出かけることを手助けするためのマニュアルであるり、人生目標到達のためのマニュアルである。前半は、自我の発達、問題行動、フロイトの精神分析、ユングの分析心理学、アドラーの個人心理学、交流分析、性格の形成を扱い、どのようにして今までの自分が作られてきたかを考えてゆく。後半では、認知の発達、記憶のメカニズム、知能、創造性、やる気、ストレス、大脳の話、ライフデザインを取り上げ、自分の人生目標に向かって、自分の能力を最大限伸ばすための手がかりを与えてゆく。この本を通して、自分探しの旅を開始し、本来の自分がわかるようになり、人生目標を立てるために役立てば、幸いである。また、引きこもりの人や、自殺をする人が少なくなり、自己表現をして前向きに生きようとする人が増えてくれれば幸いである。青年よ、心のアクセルをふかせ、ナンバーワンよりオンリーワンをめざせ、である。社長をめざすのもよい、学者をめざすのもよい、冒険家をめざすのもよい、それを通して自分を最大限伸ばし、統合化された人格を育て、自分の心の中に幸せを見つけ出せること、これが心のライフデザインのめざすところである。

最後に、本書の出版に関してお世話になった株式会社ナカニシヤ出版の宍倉由高氏には心から感謝致します。

二〇〇三年五月

渡辺利夫

心のライフデザイン—自分探しの旅へのマニュアル—

＊

目　次

はじめに　i

1　自我の発達について（作られる自我から作る自我へのグレードアップ）――1
一、自我の発達のメカニズム　1
二、作られる自我から作る自我へのグレードアップ　14

2　精神障害について（心の悩みは、成長への扉であることに気づけ）――17
一、自我の発達と精神障害　17
二、外因性精神障害と内因性精神障害　18
三、心因性精神障害　21
四、心の悩みは、成長への扉であることに気づけ　25

3　フロイトの精神分析から学ぶ（自分を育てる自分を作れ）――27
一、精神分析の始まり　27
二、心の構造　29
三、汎性論　31

四　フロイトの生涯とフロイト以後の精神分析　32
五　自分を育てる自分を作れ　35

4　ユングの分析心理学に学ぶ（無意識のライフデザインに気づけ）――39
一　心の構造　39
二　夢分析　43
三　夢の生理学　46
四　時　47
五　ユングの性格類型　48
六　無意識のライフデザインに気づけ　50

5　アドラーの個人心理学から学ぶ（与えられた資質を生かせ）――55
一　個人心理学　55
二　ライフスタイル分析　57
三　共同体とは何か　59
四　与えられた資質を生かせ　61

6 バーンの交流分析から学ぶ（ネガティブな人生脚本よ、さようなら）―― 65
一、交流分析における自我構造 65
二、交流のパターン 69
三、脚本分析 71
四、時間の構造化 73
五、ネガティブな人生脚本よ、さようなら 75

7 性格の形成について（心のソフトウエアを知れ）―― 77
一、性格をタイプで分けるか、特性で分けるか 77
二、クレッチマーの研究 79
三、シェルドンの研究 82
四、ＹＧ性格検査（矢田部・ギルフォード性格検査） 83
五、性格形成における遺伝的因子と環境的因子 84
六、心のソフトウエアを知れ 90

8 認知の発達について（身体知と言語知を獲得せよ）　93
一、ピアジェの発生的認識論　93
二、ヴィゴツキーの最近接領域説とコールの文化的文脈理論　97
三、認知の発達における成熟優位説と環境優位説　98
四、認知の発達を促す環境　101
五、身体知と言語知を獲得せよ　102

9 記憶のメカニズム（知識構造を体制化せよ）　105
一、記憶の現象　105
二、記憶のモデル　110
三、長期記憶の構造　114
四、知識構造を体制化せよ　117

10 知能を伸ばす（知的環境を整えよ）　121
一、知能の定義　121
二、知能の測定　122

三、知能の因子構造　124
四、知能に影響を与える要因　126
五、知能の認知的アプローチ　128
六、知的環境を整えよ　130

11 創造性を開発する（ナンバーワンよりオンリーワンをめざせ）――133

一、創造性の定義とそのプロセス　133
二、創造性の因子構造　138
三、創造性に影響を与える要因　139
四、創造性の開発　141
五、問題解決　143
六、ナンバーワンよりオンリーワンをめざせ　146

12 やる気のメカニズム（心のアクセルをふかせ）――149

一、動機の種類　149
二、外発的動機づけと内発的動機づけ　151

三、達成動機　158
四、無気力　160
五、心のアクセルをふかせ　162

13 ストレスからの解放（視点を変えれば、心も変わる）――165
一、ストレスのメカニズム　165
二、ストレスの種類と性質　168
三、ストレスと性格　171
四、視点を変えれば、心も変わる　173

14 大脳の話（心のハードウエアを知れ）――177
一、脳の機能について　177
二、神経細胞と神経伝達物質　181
三、大脳と精神発達　184
四、大脳と記憶　186
五、心のハードウエアを知れ　188

15 ライフデザインを始めよう（いざ、将来へ）―― 191
一、ライフデザインについて 191
二、目標の設定 193
三、いざ、将来へ 199

1 自我の発達について
作られる自我から作る自我へのグレードアップ

一．自我の発達のメカニズム

大学生は自我の発達段階で考えると青年期後期にあたり、自我同一性が確立され、いよいよ社会に巣立ってゆく段階である。しかしながら、そこにはさまざまな段階の大学生が存在する。学力に関しては大学生のレベルに達していても、精神面に関してはさまざまである。既に人生目標が決まっていて日々充実した生活を送っている学生もいれば、まだ自分の将来が決まらず人生目標を転々と変える学生、就職をせずに最初からフリーターを選ぶ学生もいる。また、最近結婚したがらない人も増えてきている。

結婚しても子どもを作らない夫婦も増えてきている。そして、結婚してもすぐに離婚をしてしまう夫婦も増えてきている。なぜ、このようなことが起こるのであろうか。価値観が多様になってきたからであろうか。そこには、別の原因、すなわち、自我同一性の確立の問題が潜んでいるように思われる。自分についてよく知らないのではないかと思われる。自分がどのような職業に向いているのか、自分はどのような人と相性が合うのかわからないのではないかと思われる。そして、もしかしたら、親として生きてゆく自信がないのではないかと思われる。青年期は、私とは何かを探す自分探しの旅に出かける時期である。自分探しの旅を通して、さまざまな自分に出会い、これぞ、まさに本当の私という私に気づくのである。この自分探しの旅に出ていない大学生が多いのではないだろうか。自分探しの旅は、第二回目の自我の芽生えが始まる中学生の頃から開始される。中学生は中学生としての自分探し、高校生は高校生としての自分探し、大学生は大学生としての自分探しを行い、本来の自分を探すのである。身体が、年齢の増加とともに発達してゆくように、自我も年齢とともに発達してゆく。身体の正常な発達のためには、バランスのとれた食物が必要であるように、自我の正常な発達のためには、食物に対応した心の栄養素が必要となる。自我の発達のために必要な心の栄養素とは何であろうか。それを自我の発達段階をもとに考えてみよう。

（一）乳児期

自我の発達段階は、乳児期、幼児期、児童期、青年期、成人期の五段階に分類される。乳児期とは、年齢的には誕生から一歳までの期間で、乳児は、主に母親との間のコミュニケーションを通して、自我のための基盤を作る。最初全く言葉を発しない乳児が、二、三ヶ月ころになると、喃語を使い始める。喃語とは、言葉以前の言葉にならない言葉で、それ自体は、言葉としての意味をもたない。しかしながら、たまたま使った喃語が「ママ」であると、その母親は、乳児が「ママ」としゃべったと喜び、乳児に反応する。このようなことが繰り返されてゆくうちに、乳児は、「ママ」という音を発すると、母親がやってくることを学んでゆく。ここにおいて喃語が一つの意味のある言葉に変わってゆくのである。このように、言語が発達してゆくには、言語を発した人に反応する人がいることが重要なのである。もしも乳児が「ママ」と発しても何事も起こらなければ、乳児は、その音を発することをやめてしまうかも知れない。また、乳児が発するどのような喃語に対しても、誰も反応する人がいなければ、乳児は喃語を発することをやめてしまうことになるかも知れない。また、乳児に対して、乳児はまだ言葉がわからないから話かけても意味がないと考えている母親もいるようであるが、乳児にはその時点では、意味がわからなくても、言葉を聞くことが言葉を話す準備段階となることはいうまでもない。母親が、乳児の近くで頻繁に使用する言葉は、乳児が覚えやすく、そして、その言葉を発する確率も高くなるわけであるから、乳児には積極的に話しかけることが、言葉の発達、ひいては、知能の発達のためには重要である。

　また、乳児は自分を守ることがまだできないので、乳児を脅かすものが存在したとき、不安や恐怖を感じることになる。このようなとき、乳児を守ってくれる母親がいることが乳児にとっては何よりも重要である。最初は寝ているだけであった乳児も、体を自分で動かせるようになると、家の中を移動し始める。そのようなとき、いざというときにはかけつけてくれる母親の存在は、とても重要となる。母親が子どもの安全基地となることによって、子どもは思いきって探検ができるわけである。よって、乳児期において何よりも重要なことは母子一体感である。エリクソン（Erikson, E.H.）は、乳児期における課題を母親との間の基本的信頼感の獲得と考えているが、それは、まさにこの母子一体感である。

（二）幼児期

　三歳ころになると、いままで逆らうことのなかった幼児がいろいろと逆らい始める。これが、「第一反抗期」と呼ばれる時期で、第一回目の自我の芽生えである。自分を主張し始めるということは、自我が芽生えたことを意味する。そして、この自我の芽生えとともに、子どもは、母親から離れ始め、そして、次に、父親に興味を持ち始める。父親は、男の子にとっては男としてのモデルであり、父親とのコミュニケーションを通して男らしさを学んでゆく。そして、女の子にとって父親ははじめての異性であり、父親とのコミュニケーションを通して女らしさの基盤を作り始めてゆく。父親の役割は、子どもに家庭の外で起こっている社会を教えることである。子どもは、父親を通して社会というものをはじめて知るのである。また、父親は世の中のルールを教える存在でもある。子どもは、幼児期に世の中のルールというものに目覚め、してもよいこと、してはいけないことの原型をこの時期に作り始める。これは、「上位自我」と呼ばれるもので、親の教えや、社会のルールが内的に子どもの中に作られてゆく。よって、この時期に父親がいないということは、子どもの自我の発達の上で大きな障害となることはいうまでもない。では、父親のいない母子家庭では、一体どのようにして子どもを育てればよいのであろうか。それには、父親のモデルの代理的な人を子どもに示すことが一つの方法であろう。例えば、男らしい俳優を男の子どもと一緒にテレビで見ながら、男の子どもに将来はあのように勇ましく育って欲しいと願うのである。子どもが成長するためには、何らかの形でわかりやすい見本が存在することが重要であるので、その部分を補充してあげることが重要なのである。また、父親が単身赴任や離婚や他界などにより物理的に子どものそばにいなくても、心理的に子どもの心の中にいることが重要なのである。

(三) 児童期

児童期は学動期では小学生に対応し、この時期に子どもは親につきまとい、できるだけたくさんのことを親から学ぼうとする。これは、親を「モデル」としているのであり、親の回りをぐるぐる回ることによって親からいろいろなことを学んでいるのである。これを「衛星化」と呼ぶ。ノートと鉛筆を出して学ぶことだけが勉強だけではない。親の背中をみるだけでも子どもは親から何かを学んでいるのである。両親が仲良く話をしているだけで子どもは何かを学んでいるのである。よって、子どもが親につきまとってくるときは、それなりに親から何か学ぼうとしていると考えればよいのである。例えば、女の子が、食事の準備をしている母親のそばに行き、その準備を手伝おうとするのは、母親のまねをし、母親と同一化することによって、学ぼうとしているのである。そのようなときに、子どもに食事の準備の一部を手伝わせると、子どもは大きく成長してゆく。そして、十分に学ぶと、子どもは自然と親から離れてゆく。これを「脱衛星化」と呼ぶ。家庭は、ある意味で社会の前段階であるので、ここでいろいろなことを経験し自分で対処できることを学ぶと、子どもは外へ一人で遊びに行けたり、親がいなくても一人で家で留守番ができたりするようになる。この意味で、児童期に親が子どもと十分に接触できるということ、および、子どもに学ぶための機会を与えるということは、子どもの精神的な成長にとってなくてはならないことなのである。そして、親から期待されることによって子どもは益々その可能性を伸ばしてゆく。親から期待されることが子どものエネルギーとなり、子どもはそれをもとにいろいろなことに挑戦をしようとする。

また、児童期において子どもが十分に精神的に成長するには、親以外の人からも何らかの形で期待されることが重要である。このような人を「重要な他者（significant others）」と呼ぶ。親以外の人から期待されることは、子どもの成長をさらに促してゆくことになる。そして、児童期には遊びが子どもにとって重要な役割を果たす。遊びは自我同一性の確立に重要な役割を果たす。遊びを通して自分を発見してゆく。また、遊びを通して子どもは自分の可能性を伸ばしてゆく。その意味で遊びは子どもにとって創造活動と関連してくる。遊びは、子どもの内発的動機づけを高めてゆく。そこで、子どもから遊びの機会を奪うことよりも、遊びを通していろいろなことを学ばせるということはよい環境を子どもに与えることになるであろう。好きなことを通して子どもの個性は開花してゆくのである。子どもが正しく成長するためには、親はどのように対処したらよいのであろうか。それは、子どもが将来自立できるようになる環境を設定することである。子どもが自立できるようになる機会を家庭の中で設けることである。

(四) 青年期

青年期は、さらに、前期、中期、後期に分類され、順に、中学生、高校生、大学生に対応する。児童期において、自立のために必要な基礎知識や経験を親のもとで十分に獲得すると、ちょうど鳥のひなが巣から飛び立つように、子どもは親のもとを離れて子どもの社会の中にどっぷりつかるようになる。「脱衛星化」が起こったのである。今までは家族を中心にして行動をしていたが、中学生になると友達との行動が重要になる。これは、親から十分に情報を獲得したので新たなモデルの獲得をする行動の一部である。友達と一緒に遊ぶことが多くなると、自分と友達とをいろいろな意味で比較するようになる。

そして、あるときは自分の方が友達よりスポーツが得意なことに気づき優越感を感じ、また、あるときには自分の方が友達より劣っていることに気づき、劣等感を生み出してゆく。このような他人との比較を通して、子どもは、私とは何か、という疑問をもつようになる。これが、「第二反抗期」あるいは、「第二回目の自我の芽生え」である。そして、子どもは自分らしさを求めて自分探しの旅を始めるのである。このときに重要なのが、新しいモデルの存在である。誰々さんのようにかっこよくなりたいとか、すばらしい先生と出会うことによって、将来は数学の先生になりたいと考えたりする。ここにおいて、新たなモデルは親以外のモデルであり、それは中学校の教師であったり、アイドルであったり、仲間集団の規則であったりする。よって、青年期に新たなモデルと出会うことが子どもの成長にとって重要なこととなる。青年期前期の子どもには、何かを学ぼうとする力が内側から涌き出ているので、そのエネルギーを放出する対象を自然に見つけようとする。すばらしいモデルと出会い、そして、「再衛星化」を通して、そのモデルと同一化することによって子どもは益々成長するが、適切なモデルとの出会いがない、あるいは、悪いモデルとの出会いによって、子どもは成長する機会を逃してしまうことになる。適切なモデルとの出会いは「豊かな同一化」を作り出し、適切なモデルと出会えないこと、あるいは、不適切なモデルとの出会いは「貧しい同一化」を作り出す。豊かな同一化は自我を成長させ、貧しい同一化は自我を萎縮させる。青年期は、自分探しの旅であると述べたが、自分探しに成功すると、社会の中、あるいは、仲間集団の中で、自分の心の居場所ができてくる。しかしながら、自分探しがうまくゆかないとき、さまざまな問題が生じる。劣等感を感じるあまり、家に引きこもり仲間と交流をするのをやめてしまったり、あるいは、精神障害に陥ったりする。青年期は、さまざまな自分の中から、これぞまさに自分であるという本来の自分を見つけることが課題であり、まさに本来の自分を見つけることが「自我同一性の確立」である。青年期前期および中期においては、まだ正しい自我の認知はなされておらず、自我の過大評価や過小評価が起こる。青年期前期には自閉的な傾向になることがあるが、この自閉的な傾向は、発達的な自閉と防衛的な自閉のうちの前者であり、自我の拡大の前駆的な現象であることが多い。

青年期後期になると、正しい自我の認知ができるようになる。自我同一性が確立すると、自己信頼感が生まれ、目標が設定でき対人関係も維持できるようになる。また、情緒が安定し、自分を容認できるようになる。逆に、自我同一性が混乱していると、自分がわからなくなってしまう。自我同一性が確立することによって、自分の行動が安定し、将来の職業や将来の計画が立てられるようになる。では、本来の自分というのは、どのようにして見つけることができるのか。その手がかりになるものが、その人のもつ得意分野である。得意分野が、優越機能を作り出し心の居場所を作り出してゆく。そこで、自分の得意分野をもとに、本来の自分を見つけることができる。自我同一性と関わるものとして、自己概念の形成がある。これは、自分をどのように考えているのかに関わる。自分は、有能で物事を上手に処理できる人間であると考えているか、あるいは、無能で何をしても下手であると考えているかで、適応や問題の処理能力にも影響を与える。肯定的自己概念を有している人は、適応性がよく行動が安定している。それに対して、否定的自己概念を有している人は行動が不安定である。この自己概念に影響を与えるのが、発達初期における母親と重要な他者である。これらの人たちが自分に対して抱いている期待、評価、態度が重要なのである。

自我同一性は、「同一性達成の段階」、「同一性拡散の段階」、「モラトリアムの段階」、「早期完了型の段階」の四つの段階に分かれる（Marcia, J.E.）。同一性確立の基準として、危機と傾倒の二つの特徴が挙げられる。危機とは、自分について迷い葛藤しながらも決定しようとする時期を示し、傾倒は、自分にとって意味のあることに積極的に取り組んでいることである。同一性達成の段階は、上述した同一性が達成された段階である。自我が確立し、自分は自分という一貫した自分らしさを維持できる段階である。自我同一性達成の特徴として、自分の能力に合わないような不適切な目標を追求するようなことがなく、小さな成功や失敗によって自尊感情が変化せず安定していること、ストレスに対する耐性が高く、不安傾向や権威主義が弱いことである。同一性拡散の段階においては、さまざまな可能性をもった自分が存在し、これぞまさに本来の自分というものに絞れていない。数学が得意なので、将来は数学の先生になろうと考えたり、スポーツが得意なので、スポーツの選手になろうと考えたりする。しかし、多くは考えるだけで、何らそのために実行しているものは見当たらない。同一性拡散の特徴は、何かに傾倒していない、あるいは、傾倒しないことに傾倒している状態である。危機に関しては、経験している場合もあれば、経験していない場合もある。同一性拡散は、ストレスに弱く、自尊感情が不安定である。また、権威に頼る傾向が強く、偶然的なことに身を任せる傾向がある。そして、モラトリアムの段階は、これぞまさに本来の自分というものを決めるのを猶予あるいは延期している段階である。危機は経験している最中であり、何かに傾倒しようとしている最中である。同一性拡散の場合は、本来の自分を決めようとして決まらない段階であるのに対し、モラトリアムは、それを決めようとしないのである。最近、大学を卒業しても定職に就かずにフリーターになる大卒者が増えている。働きたくても働き口が見つからなくて、意に反してフリーターをしている人もいるが、自分が決まらずモラトリアムとしてフリーターをしている人も多い。また、同様に大学院へ進む学生の中にもモラトリアムの人が多いのが最近の特徴である。大学院への進学の本来の目的は将来研究者になることであるが、大学院生の中には大学院に入学することによって就職という自分の人生の決断を遅らそうとしている人もいる。これもまた、モラトリアムである。最後に、早期完了型の段階は、危機は経験していないが何かに傾倒している段階で、親や社会的常識あるいは権威が認めるものをそのまま傾倒し、自我同一性を自分で見つけることをしていない段階である。例えば、親が会社の経営者である場合、その子どもは親に言われるがままに、会社の経営を受け継いでゆく。会社経営がうまくいっているときは特に問題が生じないが、経営に行き詰まってくるといろいろな問題が生じてくる。自分は、果たして経営者に向いているのであろうかと悩んだりし始めるのである。早期完了型の特徴は、ストレス耐性が弱く、自尊感情が不安定であることである。

また、目標設定も現実的ではなく、権威に頼る傾向が強いことである。無籐（一九七九）の研究によると、大学生のうち、同一性達成が四六％、モラトリアムが六％、早期完了型が三二％、同一性拡散が一六％であると報告されている。

（五）成人期

青年期に自我同一性を確立すると、次に待っているのが就職と結婚である。本来の自分というものを正しく知ることによって、自分に向いた職業が何かということがわかってくる。そして、自分に向いている結婚相手というものもわかってくる。そして、次に待っているのが「自己実現」である。自我の確立は、自分のもつ優越機能をもとにして行われるが、自己実現は、自分の劣等機能にも目を向け、今まで隅の方に追いやっていた劣等機能を受け入れ、より高次の自我を目指そうとする。自分のもつ可能性を最大限に伸ばそうとするのが、この自己実現である。マズロー（Maslow, A.H.）は、人間の欲求を、「自己実現の欲求」、「自尊欲求」、「所属と愛情の欲求」、「安全の欲求」、「生理的欲求」の五つの欲求に分類し、さらに、これらはピラミッド型の階層をなしていると考えた。ピラミッドの底辺には、飢えや渇きなどの生理的欲求が存在し、これが満たされることが何よりも重要と考える。生理的欲求がある程度満たされると、次の安全の欲求が生じてくる。そして、次に、所属と愛情の欲求が芽生えてくる。愛情欲求は、誰かに愛されたいという欲求と同時に誰かを愛したいという欲求も含む。所属欲求とは、会社や仲間グループのようなところに所属したいという欲求である。そして、次に、人から認められたいという自尊欲求が生じ、これがある程度満たされると、いよいよ自己実現欲求が生じてくる。マズローの欲求の階層が示すように、自己実現欲求は、欲求の階層の中で最も高次の階層であり、この欲求が生じるためには、他の欲求がある程度満たされている必要がある。また、マズローは、欲求を大きく、「欠乏欲求」と「成長欲求」に分類している。欠乏欲求とは、それが足りないので満たそうとする欲求であり、喉が乾いているときに水を求めるのは、この欠乏欲求に基づくと考えられる。それに対して、成長欲求は、現時点よりさらに自分を伸ばそうという欲求である。前者は、自分に足りないものを補おうとする欲求であるのに対し、後者は、自分の中にあるものを外に出そうという欲求である。例えば、人に愛されたいというのは、愛を求める欲求であるので欠乏欲求であるが、人を愛したいという欲求は、成長欲求と考えられる。人の手助けをしたいという欲求やボランティア活動に参加しようとする欲求は、この成長欲求と考えることができよう。マズローの欲求の階層では、欠乏欲求が階層の下部（生理的欲求から自尊欲求まで）を構成し、成長欲求が上部（基本的には自己実現欲求）を構成している。成長欲求が生じるためには、まず、欠乏欲求が満たされていなければならない。また、欠乏欲求に基づく行動は、欠乏しているものを満たそうとする対応行動であるのに対し、成長欲求に基づく行動は、自分を外に表現しようとする表現行動である。よって、自己実現は、成長欲求に基づく欲求であり、自己を表現する行動である。このように考えてみると、自己表現をするということが、自我の発達の中で重要な意味をもつことになる。

では、自己実現した人はどのような特徴があるのであろうか。まず、自己実現した人は、現実を正しく認識することができる。次に、自己受容ができ、そして、他者受容ができる。自分のよい面だけでなく、悪い面も自分として受け入れることができるのである。そして、他者に対しても同様に、よい面だけでなく、悪い面も受け入れてゆくのである。三つ目の特徴として、自己中心的ではなく、問題中心の生き方をすることである。また、創造的であるということである。そして、進んで孤独になり、プライバシーを求めるなどの特徴を挙げることができる。

二、作られる自我から作る自我へのグレードアップ

児童期までの自我は、親によって作られた自我であるが、青年期以降は、自分で自分の自我を作るのである。さまざまな人との出会い、物との出会い、チャンスとの出会いが新しい自我形成のための栄養となる。新しいモデルを見つけ、自我をさらに成長させてゆくのである。自我のグレードアップである。とりわけ、能力の高い人との出会いは、自我によい刺激を与える。私もこのような人になりたいと思い始めるのである。最初から能力が高い人はいない。小さいころから能力が少しずつ作られてきているのである。あるいは、そのような能力が育つ環境に恵まれたのである。小さい頃から、バイオリンが弾け

るためには、近くにバイオリンが弾ける人がいなければならない。その人がモデルとなって、バイオリンが弾けるようになってゆくのである。人それぞれ、生まれ育った環境の中で、特定の能力が作られてきている。それは音楽の能力かも知れないし、数学の能力かもしれない。あるいは、人をまとめてゆく、リーダーシップの能力かもしれないし、人を笑わせる能力かもしれない。今、社会が求めている能力かも知れないし、これからの社会が求めることになる能力かもしれない。場合によっては、本人も自分の能力に気づいていないかもしれない。しかし、独自の能力は既に作られているし、まだこれから伸びてゆくのである。自分に与えられた能力に気づき、それをとことんまで伸ばしてゆき、社会に役に立つ能力へと磨きをかけてゆくことが重要である。すべての能力には、可能性が秘められているのであるから、それが実を結ぶも結ばざるもその能力をもっている人自身によって決まるのである。これからは、自分の自我に自分で栄養を与え、育ててゆくのである。

2 精神障害について

心の悩みは、成長への扉であることに気づけ

一．自我の発達と精神障害

自我の成長がスムーズに進んでゆけばよいのであるが、大学生の中には自我の成長の過程の中で、精神障害に陥ってしまう人も出てくる。青年期は、特に、統合失調症（精神分裂病）やそううつ病が多い。誰もが好き好んで精神障害になるわけではない。成長過程の弱い自我を守っているうちに、誤って精神障害に陥ってしまうのである。場合によっては、自殺をしてしまう人も出てくる。うまく乗り越えられなかっただけなのである。では、このような不安定な時期をどのようにして乗り越えればよいのであろ

うか。まずは、悩んでいるのは自分だけではない、ということを知るべきであろう。悩みは、青年期の特徴であるので、悩んで当然なのであるということに気づくことである。成長したいから悩むのであり、その意味で、悩みは成長への扉である。青年期の悩みは、やはり自分探しの旅に関する悩みであろう。自分には何の能力もないと悲観し、落ち込んでしまうのであろう。場合によっては、苦しくなって自殺をしてしまうのであろう。しかし、全ての人に能力は備わっているのである。ただ、それがどのような能力であるのか気づかないだけなのである。人は、自分にないものを欲しがり、それがないために悩んだりする。その反面、自分がもっているもの、天から与えられたものには、気づかないでいるのである。人がうらやむものも自分の中にもっているのである。本章では、青年期に起こる悩みや精神障害はどのようなものであるのかを知ることを目的とし、そして、精神障害を知ることによって、自分を知ろうとする手がかりを得ることを目的とする。

二．外因性精神障害と内因性精神障害

精神障害は、大きく「外因性精神障害」、「内因性精神障害」、「心因性精神障害」に分類される。外因性精神障害は、脳の外傷あるいは器質的な障害によって起きる精神障害で、脳損傷に基づく場合と薬物等に基づく場合に分けられる。前者には、脳梗塞に基づく痴呆症、後者には、アルコール中毒症、覚醒

剤等に基づく精神障害がある。内因性精神障害は、遺伝的な要因、体質的な要因に基づく精神障害で、「統合失調症」、「そううつ病」、「てんかん」に分類される。

統合失調症は、人格の病で、知的機能よりも意志、感情の領域での異常が顕著である。青年期に発症することが多く、発症率は約〇・七％である。統合失調症の特徴は大きく初期症状（陽性症状）と慢性症状（陰性症状）に分けられる。初期症状は、異常な心理現象が特徴で、幻視、幻聴などの幻覚、妄想、自我障害、緊張病症状が見られる。妄想は、さらに、被害妄想と誇大妄想に分類される。被害妄想としては、隣の部屋の住人の何気ない笑い声が、自分のことを笑っていると思いこんだりする。誇大妄想としては、例えば自分が織田信長の生まれ変わりだと信じ込み、織田信長として行動をとったりする。自我障害は、自分が他人に操られているような体験をもつ作為体験や、自分の考えていることがいつのまにか人に漏れていると考える自我漏洩、自分の中にもう一人の自分がいると感じる二重自我体験がある。緊張病症状には、興奮と混迷があり、興奮の場合には、大声をあげて突然駆け出したりし、混迷の場合には、ほとんど話したり、動いたりしなくなる。慢性症状（陰性症状）は、正常な心理機能が減少することが特徴で、連合弛緩（ことばのサラダ）、自閉、感情鈍磨、意欲・自発性低下、言語貧困化が挙げられる。連合弛緩とは、言葉と言葉の連合が弱くなり、話の内容が支離滅裂となる。また、感情が鈍磨し、喜怒哀楽がなくなる。統合失調症には、妄想型、破瓜型、緊張型があり、妄想型は、妄想および幻覚が特徴で、発病が遅く、長い経過をとるが、人格崩壊は軽い。破瓜型は、無感情および無為が特徴で、比較的若年で発病し、経過が長く、人格崩壊が著しい。緊張型は、興奮と混迷が特徴で、急激に発病し、症状が消えやすい。統合失調症は、神経伝達物質のドーパミンが関連しているといわれ、ドーパミンが過剰に分泌されると、統合失調症の初期症状が現われてくる。

そううつ病は、一八九九年にドイツの精神医学者のクレペリンによって概念化された病気で、感情の病といわれている。両極型と単極型があり、両極型の場合は、そう状態とうつ状態が周期的に繰り返す。単極型の場合は、そう状態あるいはうつ状態が起きる。そう状態においては、感情が高揚し、活動性が高まる。自我が肥大し、自信に満ちた態度をとる。真夜中に突然知人の家を訪問したりする。うつ状態においては、意気消沈し、劣等感を感じることが多い。うつ病の三大症状としては、抑うつ気分、興味・関心・意欲の低下、思考力の低下が挙げられる。うつ病になるきっかけとして、大学生活を始めるために、親もとを離れて一人で暮らし始めることによる環境の変化、病気による体調の変化、身内や親しい人を失うことからくる喪失感などが挙げられる。性格的には、生真面目で仕事熱心な人、几帳面で責任感が強い人、趣味がない人がうつ病になりやすい傾向がある。そううつ病は、神経伝達物質のセロトニンが関係するといわれている。

三、心因性精神障害

心因性精神障害は、環境的な要因に基づく精神障害で、「神経症」、「心身症」、「行為障害」に分類される。神経症は、心の不安や葛藤を主観的に苦悩として体験するのに対し、心身症の場合は、心の不安や葛藤を意識するのを避け、身体症状として現われ、行為障害の場合は、心の葛藤が極端な行動として現われる。

神経症には、「不安神経症」、「強迫神経症」、「恐怖症」、「ヒステリー」があり、不安神経症（パニック障害）は、ある日、突然、不安発作が生じることから始まり、さまざまなことに不安を感じ、家から出ることもできなくなる。不安神経症は、ノルアドレナリンの過剰分泌に関連するといわれている。強迫神経症は、強迫思考と強迫行動が特徴で、自分の意志に反してある考えが強迫的に浮かんで来たり、強迫行動では同じ行動を意志に反して繰り返し行う。例えば、家を出るときに、家のかぎを閉めたかどうかを繰り返し確認する行動や、ガスの元栓が締まっているかどうかを繰り返し確認する行動が挙げられる。恐怖症は、恐怖の対象によって、広場恐怖、高所恐怖や閉所恐怖のような空間恐怖、尖った先が怖い対物恐怖、そして、人と会うのが怖い対人恐怖に分類される。ヒステリーは、性格的には、小児性と自己顕示性が特徴で、心の悩みが身体症状として現われる。一つ目は、転換症状で、ヒステリー盲や、ヒステリー聾のように、身体的には異常がないにもかかわらず目が見えなくなったり、耳が聞こえなくなったりする知覚異常が現われる。また、書けいのような運動障害となって現れることもある。二つ目は、解離症状で、多重人格や、生活史健忘が生じる。

心身症は、心の悩みが身体症状として現われる精神障害で、拒食症や過食症のような摂食障害に代表される。拒食症は、四段階のステップを経て進んでゆく。第一段階として食事制限が始まる。そして、第二段階では、ダイエットハイになり、苦痛が快へと変わり、行動が活発になってくる。そして、第三段階では、食事を拒否するようになる。過激なダイエットで空腹感も感じなくなる。そして、第四段階では、正常な判断も阻害されるようになる。また、やせることへの強迫観念も生じる。拒食症になりやすいタイプとして、自分の欲求を押さえ込む、与えられた課題は最後までやり通す、自分で決めることができないという特徴が挙げられる。また、母親との間に情緒応答性がなく、母親に甘えきれなかった人がなりやすいともいわれる。これは、母親をモデルとする性的同一性の形成の失敗であり、それがために、成熟拒否や幼児期への憧憬が生じているとも考えられる。

行為障害は、無気力行動（登校拒否）、自己破壊行動（自殺）、衝動行動（家出、買物依存症）、攻撃行動（暴力）に分類される。登校拒否には、急性型と慢性型があり、急性型は、優等生の息切れ型と呼ばれ、成績もよく、いいつけもよく守る子が、突然学校に行かなくなる。慢性型は、甘やかされ型と呼ばれ、学校での失敗や困難を避けて、家庭に退避する自我未熟型である。登校拒否は、心気的時期から始まり、登校時刻が近づくと腹痛や頭痛や疲労感を訴え始め、登校時刻が過ぎると元気になる。そして、次に、合理化・暴力の時期になる。学校に行かなくてもえらくなった人はたくさんいるといった、登校しないことに理屈をつけ始め、それが受け入れられないと、暴力的になる。さらに、怠惰・内閉の時期には、昼過ぎまで寝ていたり、パジャマを着替えなかったり、風呂に入らなかったり、最悪の場合には、糞尿も布団の中でするようになる。回復期になると、朝きちんと起きるようになり、ニュースを聞いたりして、外界に興味をもつようになる。

自殺には、「求める自殺」と「あきらめの自殺」があり、前者は、今の苦しみを周囲にアピールすることが目的であり、演技的な自殺で、リストカッティングのような死ぬ危険性の少ない方法を選ぶ。それに対して後者の場合は絶望的な自殺で、確実に死ねる方法を選ぶ。厚生省の人口動態統計によると、平成一〇年度の自殺者の総数は、三一七五五名で、毎年増加する傾向にある。自殺を企てる人の性格を調べると、未熟で顕示性が強い、情緒が不安定で、劣等感が強い、依存性が大きいなどが挙げられる。最近は、インターネットを通して、一緒に自殺する人を集めてから自殺するというケースが増えている。一人で自殺しようとすると、気が変わってしまうのでそれを避けるのが理由の一つらしい。自殺の原因は、小学生では家庭の問題が最も多く、次に学校の問題が続くのに対し、中学生では学校の問題が最も多く、家庭問題がそれに続く。高校生では学校の問題が最も多く、次に多いのがその他の原因である。大学生になると、その他の原因が最も多く、次に学校の問題の原因が続く。年齢が上になるにつれて、家庭の問題から学校の問題、そしてその他の問題と変わってくる。異性の問題では、女子の方が男子よりも多い。自殺の原因が身近な環境問題から内面的な問題へと変化しているのである。自殺を防止するためには、気分転換をするための趣味をもつこと、私的なことを打ち明けられる友人をもつこと、苦しいことや悲しいことの生活体験を過去にもつこと、ユーモアのセンスをもつことなどがよい。

家庭内暴力という場合には、一般的に子どもが親に暴力を振るう場合をいい、親が子どもに対して振るう暴力は、「児童虐待」と呼ぶ。家庭内暴力の九割は男子で、中学一年と高校一年が多い。暴力の対象は、母親が八割、父親が一・五割で母親が多い。家庭内暴力には、他の問題行動を伴うかにより、①家庭内暴力のみの型、②登校拒否を伴う型、③登校拒否と非行を伴う型、④非行を伴う型、⑤精神障害との境界型の五種類に分類される。①は、学校での成績もよく、裕福な家庭に育つ子どもが多い。外ではよい子と呼ばれるが、家の中では暴言をはき、家族に暴力を振るう。②は登校拒否が原因で、家族が無理やり学校に行かせようとするため、暴力が始まるケースである。③は、登校拒否の他に非行も伴うケースで、④は、非行をしたことをとがめられて暴力を振るうケースで、⑤は、統合失調症などの精神病による暴力のケースである。①が四割で最も多い。家庭内暴力が起きている家庭を調査すると、いくつかの特徴が挙げられる。まず、両親間の交流が乏しく、母親優位型の家庭で、父親が心理的に不在である傾向がある。次に、子どもに対して、母親は過干渉であるのに対し、父親は放任主義であることが多い。そして、子どもの性格は、小心、過敏で、心配性、自己中心的といった神経症的な性格であり、母親の性格は、不安が強く、他者に依存しようとする性格である。

四. 心の悩みは、成長への扉であることに気づけ

このように、精神障害は、自我の発達とかなり関わっているのである。人は成長するために悩むのであって、自分を破壊するために悩むのではない。悩みは、次の段階へゆくための成長の扉である。是非とも頑張って悩みを乗り越えてもらいたいものである。大きな悩みは、なかなか解決することができないかもしれない。しかし、その悩みに取り組んでいると、少しずつ解決策が見えてきて、少しずつ悩みが解決されてゆく。ある程度解決されると、一気に残りの部分も解決されたりもする。悩みに陥ることは、長いトンネルに入っている状態に似ている。目の前が暗くなり、先が見えなくなる。不安になってくる。しかしながら、トンネルに入った経験のある人は、そのうち、光が見えて出口が近づいてくるのを知っている。出口のないトンネルがないように、悩みのトンネルを歩いていると、そのうち光が見え、出口が見えてくるのである。そして、出口の先には、一歩成長した自分の世界が広がるのである。暗闇が怖い人は、懐中電灯を携えればよい。それは、人からアドバイスをもらうことである。場合によっては、カウンセラーに相談することである。懐中電灯を借りにゆけばよいのである。悩みを乗り越えた経験があると、新しい悩みが出てきても、それほど不安にはならない。そのうちに、解決されるだろうと

いうことを知っているからである。悩みはそのうち解決されるのである。自我の発達の過程において、誰もが少なからず同じような悩みを抱いて、そして、それを乗り越えてきている。人生は、ゲームをしているようなもので、そのうち、ジョーカーが回ってくる。ジョーカーが回ってくる時期が人によって違うだけなのである。ジョーカーはワイルドカードであるので、使い方によっては便利なカードでもある。悩みがやってきたとき、ジョーカーがいよいよきたな、と考えて自分の心の成長を楽しめばよいのである。

3 フロイトの精神分析から学ぶ

自分を育てる自分を作れ

一．精神分析の始まり

人生設計をするにあたり、自分を知るということは重要である。これから作る自我は、今までに作られた自我と無縁ではない。基本的には、作る自我は、作られた自我の影響を受ける。それは、大きな船が突然進路を変えられないように、突然、今までとは全く異なった自我を作るということはできない。必要とあれば、少しずつ方向を変えてゆくことになる。新しい自我を作る前に、作られた自我を知ることは重要である。作られた自我を知るためには、心の構造を知ることが必要である。心は、意識の部分の他に無意識の部分があり、この無意識の部分が自我にさまざまな影響を与えてゆく。心の無意識の部分を分析してゆくのが、フロイト（Freud, S.）の精神分析であり、後に述べるユング（Jung, C.G.）の分析心理学である。この章では、フロイトの精神分析を通して、自我がどのようにして無意識の影響を受けるかを考えてゆく。そして、自分を育てる自分について考えてゆく。

フロイトは、ヒステリーの患者を治療している際に、患者が気づいていない心のしこりのようなものがあってそれに気づかせることによって、ヒステリーが治ることに気づいた。すなわち、無意識にある心のしこりを意識に上らせることが重要であると考え、その方法として催眠術を利用した。例えば、アンナの症例では、アンナは喉が乾いていてもコップを口にあてることができず、水を飲むことができなかった。そこで、催眠術をかけて面接をすると、アンナはある日あまり好きでなかった婦人の部屋に遊びに行ったときに、犬がコップで水を飲んでいるのを見て激しい嫌悪感を感じたことを述べる。失礼なので、そのときは何も言えなかったが、それ以来コップで水が飲めなくなったことを述べる。そして、こらえていた怒りを激しくぶちまけ、水を何杯も飲み、コップをくちびるにあてた状態で催眠から覚め、それ以降は水が飲めるようになったという。最初は、催眠術は効果的であったが、後に、催眠術のもとで話される内容の中には、信憑性の低いものもあることに気づき、フロイトは、催眠術を使用するのをやめ、その代わり、自由連想法を使用するようになった。自由連想法とは、リラックスした状態で、長いすに横になり、頭に浮かんだものを自由に話してゆく方法である。この自由連想法を使用して無意識の分析をすることをフロイトは「精神分析」と呼んだ。

二．心の構造

フロイトは、心を意識と無意識に分類し、無意識の重要性を説いた。意識を支配するものとして、「自我」を考え、無意識を支配するものとして、「イド」を考えた。そして、さらに、「超自我」という概念も導入した。イドは、「快楽原理」に従い、自分の欲求を満たそうとする。自我は、「現実原理」に従い、「道徳原理」に従う超自我の意見をもとに、イドの欲求を行動に移してよいかどうかを判断する。この道徳原理は、親や教師から教わった社会的規則に相当する。ところが、イドの欲求が強すぎると、自我が脅かされ、防衛しようとする。それが「防衛機制」である。防衛機制には、以下のようなものがある。

・「抑圧」　社会的に認められない欲求を無意識の奥に閉じ込める。
・「投射」　社会的に認められない欲求をある人に対してもっているとき、それを自分がもっていると考えずに、相手がもっていると考える。例えば、自分がAさんに敵意を抱いているとき、Aさんが自分に敵意を抱いていると考える。
・「反動形成」　社会的に認められない欲求をある人に抱いているとき、それと反対の欲求を抱くこと。例えば、自分がAさんに敵意を抱いているとき、Aさんに逆に好意を抱こうとすること。継母が、継子に対して、必要以上の愛情を注ぐのは、憎しみに対する反動形成であると考えられる。

・「昇華」　社会的に認められない欲求を社会的に認められる形にして、欲求を満たそうとする。例えば、攻撃欲求をボクシングをすることによって満たそうとしたり、性的な欲求を小説の中で満たそうとする場合がこれに相当する。

・「退行」　社会的に認められない欲求を、泣いたり、暴れたりするような幼児的な方法で満たそうとすることである。

・「逃避」　社会的に認められない欲求を満たすために、空想の中に逃避することによって満たそうとしたり、病気になることによって満たそうとすること。

・「合理化」　社会的に認められない欲求を合理化することによって満たそうとすること。「すっぱいぶどうの論理」と「甘いレモンの論理」がある。「すっぱいぶどうの論理」とは、イソップ物語の中で、狐が手の届かない甘いぶどうに対して、あれは、すっぱいのであると考えて自分の欲求を満たしたように、否定的な面に目を向けることによって欲求を満たそうとする。これに対して「甘いレモンの論理」は、あばたもえくぼという言葉が示すように、ポジティブな面に目を向けることによって、欲求を満たそうとすることである。

・「固着」　社会的に認められない欲求を満たすために、何もせずに動かなくなってしまうことである。

・「代償」　子どものいない女性が犬を可愛がって子どもに対するのと同じ愛情をそそぐように、欲求が満たされないときに、その代償を見つけて欲求を満たすこと。

三．汎性論

フロイトは、本能を生の本能（エロス）と死の本能（タナトス）に分類し、生の本能として、性の本能、自己保存、種族保存を考え、死の本能として、攻撃、破壊を考えた。そして、生の本能のエネルギーを「リビドー」と呼んだ。フロイトは、女性のヒステリー患者を治療しているときに、患者にはいずれも性に関する外傷体験があることを知り、人間行動の基礎として性欲を考えるようになった。性の本能は、思春期になって突然現われるのではなく、乳幼児期から一定の段階を経て発達すると考え以下に示す四つの段階を考えた。

・口唇期（生後一年半まで）　乳を飲むことに快感を感じる。

・肛門期（三〜四歳まで）　肛門からの排泄の際に快感を感じる。

・男根期（六〜七歳まで）　尿の排泄が性器に刺激を与え、快感となる。性器いじりが始まる。男児は母を独占し、父親を邪魔に感じる（エディプスコンプレックス）。

・潜伏期（児童期）　性のエネルギーを文化的に価値あるものに置き換える。
・性器期（思春期〜成年期）　性の対象が自分ではなく、他人となる。

四　フロイトの生涯とフロイト以後の精神分析

一八五六年五月六日にオーストリア領のモラビア（現在のチェコ東部中央部）のフライベルクに生まれる。父は、毛織物商人。四歳のとき、一家が破産してウィーンに移住する。少年時代は優秀な生徒で、八人家族が狭いアパートでひしめきあって暮らす中、フロイトは個室を与えられ、ランプの明かりで勉強をすることができた。フロイト以外はローソクの明かりで勉強をしていたのである。一八七三年ウィーン大学に入学し、医学を修める。一八七六年、ブリュッケ教授の生理学教室に出入りし、フロイトの共同研究者となるブロイエル（Breuer, J.）と知り合う。一八八五年にパリに留学し、サルペトリエル病院でシャルコー（Charcot, J.M.）の教えを受ける。催眠術を使ってヒステリーの研究を行う。ウィーンの学会で、男子にもヒステリーがあると発表し、反感を買う。学会を離れ、私的グループの中で精神分析学が発展してゆく。一九〇〇年、「夢判断」を出版。一九〇七年にユングがフロイトに会いにやってくる。一九〇八年、ユングとともにアメリカのクラーク大学に学長のスタンレー・ホールによって招待され、講演をする。一九一一年にアドラー（Adler, A.）と別れる。一九一三年、理論的な問題がもとで、ユングと分裂。一九三八年、ナチスに追われてロンドンに亡命。一九三九年、八三歳で生涯を閉じる。

フロイトの精神分析は、後に新フロイト派の人たちによって、受け継がれてゆく。フロイト以後の精神分析を新フロイト派と呼び、フロム（Fromm, E.）、ホーナイ（Horney, K.）、サリバン（Sullivan, H.S.）、エリクソン（Erikson, E.H.）などが挙げられる。その特徴は、性格の発達や神経症の形成において、社会文化的な条件を重視したことである。フロムは、神経症は、その人の可能性の実現が社会の中で挫折させられたために生じると考え、ホーナイは、幼児期に愛情や安定が与えられないことが不安を生み出し、神経症的な性格が生まれると考え、サリバンは、子どもにとって重要な人物から脅威を与えられることが不安を生み出し、それが子どもの性格形成に影響を与えると考えた。新フロイト派の中で、エリクソンは、フロイトの性的発達論を社会的な視点から見直し、ライフサイクルという生涯発達の視点から自我の発達を考えてゆく。人間のライフサイクルは、八つの段階の心理社会的発達段階からなり、各段階においてパーソナリティの発達のための重要な危機があり、それを解決することを通して次の発達段階に進むと考えた。第一の段階は、「基本的信頼対基本的不信」の段階で、フロイトの口唇期に対応する時期であり、乳児期（一歳まで）に対応する。乳児と母親との間の基本的信頼関係の形成が重要であると考えた。そのためには、特に、母親との間のアタッチメント（特定の人との間に形成される情愛のきずな）が重要で、乳児が母親に対して自分を守ってくれる存在、安心を与えてくれる存在と感じるようになれば、アタッチメントの成立となる。アタッチメントが発達するためには、母親が乳児との間に十分な身体的接触をもつこと（スキンシップ）、乳児が出すシグナルに敏感であること、乳児の対人行動に対して応答することが重要である。第二の段階は、「自律性対恥と疑惑」の段階で、フロイトの肛門期に対応し、幼児期前期（四歳まで）である。排泄のしつけを通して自律への戦いが始まる。この段階では、親のしつけを通して与えられる行動の規範と自分の欲求との間の葛藤を解決して、自律性を発達させてゆく。これは幼児の社会性の発達の基礎であり、家庭でのしつけや親との同一視を通して、親のもつ規範を内面化してゆく。親が子どもに恥をかかせるような態度でしつけをすると、子どもの自律性形成の阻害となり自分に対して疑惑を感じるようになる。第三の段階は、「主導性対罪悪感」の段階で、フロイトの男根期に対応し、幼児期後期（六歳まで）である。この段階において子どもは、エディプスコンプレックスを体験し、親との同一化と主導性の限界を知ることを通して、健康な主導性の感覚が発達してゆく。第四の段階は、「勤勉対劣等感」の段階で、フロイトの潜伏期に対応し、児童期（十二歳まで）である。子どもは、何かを作ることによって認められることを経験するのである。この時期を通して、健全な勤勉性が発達してゆく。第五の段階は、「同一性対役割の混乱」の段階で、フロイトの性器期に対応し、青年期（十八歳まで）である。子どもは、社会における自分の適所を探し求めていろいろな役割を試行するのである。これは、心理社会的モラトリアムの段階である。この時期に自我同一性が確立してゆく。第六の段階は、「親密さ対孤独」の段階で、成人前期（二十二歳まで）

で、他者との間に親密さが形成されてゆく。自分にあった職業を選択し、異性との交際が本格的に始まる。自分にふさわしいライフスタイルを形成してゆくのである。そして、第七の段階は、「生殖性対停滞」の段階で、成人期後期で、家族を育てたり、社会への有益な生産性への関心を示す時期である。最後の第八の段階は、「自我の統合対絶望」の段階で、老年期である。男性は、定年退職を迎え、女性は子どもの成長によって母親の役割から解放され、新しい自己像の形成、価値観の再定義が必要とされる。

五. 自分を育てる自分を作れ

精神分析は、自分の心の奥底にある満たされない欲求について気づかせてくれる。そして、その満たされない欲求が、自我に影響を与えているということに気づかせてくれる。満たされない欲求をどのように扱うかによって、病気になったり、他人に攻撃的になってしまったりするのである。人生目標に向かう過程で、私たちはさまざまな障害と出くわすことになるであろう。何らかの欲求が起こり、それを満たそうと動機づけられる。しかし、欲求が満たされないとき、人は欲求不満に陥る。そのときの対処の仕方は、大きく三種類（合理的解決、非合理的解決、無解決）に分類される。合理的解決は、適応反応であり、課題解決的である。非合理的解決および無解決は、不適応反応である。非合理的反応の場合は、防衛機制のような適応機制によって、課題解決的な方向に向かおうとするが、無解決の場合は、非課題解決的で、欲求不満行動である。欲求不満行動は、攻撃的行動、退行行動、固着行動に分類される。攻撃行動は、攻撃対象によって、さらに三種類に分類される。一つ目は、外罰傾向で、欲求不満の原因を他人に向け、他人を攻撃してゆく。場合によっては、他人に暴力をふるい、殺人を犯したりする。二つ目は、内罰傾向で、欲求不満の原因を自分に向け、自分を責めていく。自虐行為に走ったり、自殺したりする。三つ目は、無罰傾向であり、他人も自分も責めない。退行行動および固着行動は、フロイトの防衛機制によって欲求不満を押さえようとするものである。例えば、望む会社に就職できなかった場合、合格できなかった原因を探り、どうすればよかったのか、合理的解決としては、客観的に結果を判断し、冷静に事実を受け入れることであるが、あまりにも欲求が強いと、主観的になり会社を責めたり自分を責めたりする。合理的解決ができないときには、防衛機制を利用して欲求を押さえることになる。

フロイトの心の構造で、もう一つ重要なものは、超自我である。超自我は、自我とイドとの間の葛藤を、社会的基準や道徳的基準をもとに処理をしてくれる。超自我は、「上位自我」とも呼ばれ、自我をコントロールしてくれるものである。超自我がないと、欲求が生じたとき、それを満たしてよいものかどうか、判断に困る。この超自我がしっかり育つということも自我の発達の上では重要なことである。親から自立したとき、自我をコントロールしてくれるのは、超自我であるからである。心の中にある自分を教育してくれる存在、それが超自我なのである。人生設計においては、この超自我が重要な役割を果たす。また、エリクソンの考え方は、自我の発達を考える上で重要である。自我が発達するためには、各段階で与えられた課題を解決してゆくことが重要なのである。そして、最終的な到着点は、統合化された人格なのである。

4 ユングの分析心理学に学ぶ

無意識のライフデザインに気づけ

一．心の構造

ユング（Jung, C.G.）は、一八七五年七月二六日、スイスのケスヴィルで生まれる。フロイトの誕生の十九年後である。父はプロテスタントの教会の牧師であるとともに、東洋学や古典学に造詣の深い学者であった。小学校時代は、神学、数学、体操を嫌う少年で、神経症的な発作をたびたび起こす。中学校時代は、数学、体育の苦手な劣等感の強い少年で、自分には二人の人格が棲んでいると感じる。スイスのバーゼル大学医学部を卒業し、精神科医となる。一九〇五年、チューリッヒ大学の講師となる。一九〇七年、「早発性痴呆の心理」を発表。ヨーロッパ精神医学会で認められ、フロイトにこの論文を送り、フロイトに会いにゆく。これより六年間、フロイトとの間に親密な交際が続く。そして、一九一二年には「リビドーの変容とその象徴」を発表。これが原因となり、フロイトとの仲が悪くなり、一九一三年にはフロイトと決別する。これ以後、ユングは独自の考えを発展させ、それを「分析心理学」と名づけた。

ユングもフロイトと同様に無意識の重要性を指摘したが、フロイトとはいくつかの点で無意識に対する考え方が異なる。まず、ユングは、無意識を「個人的無意識」と「普遍的無意識」に分類した。「個人的無意識」は、個人のコンプレックス（「エディプスコンプレックス」、「エレクトラコンプレックス」、「カインコンプレックス」、「メサイヤコンプレックス」）がしまいこまれている無意識で、フロイトの考える無意識に対応する。エディプスコンプレックスは、無意識内にある、男性がその母親を愛の対象とし、父親を殺そうとする願望で、ギリシャ悲劇に由来する。ギリシャ悲劇の主人公であるエディプスは、それとは知らず、父親を殺害し、母親と結婚する。そして、その事実を後で知り、母であり、妻であるイオカテスは自殺し、エディプスは、両眼をえぐり、放浪の旅に出るという話である。エレクトラコンプレックスは、女性が母親を殺し、父親と結婚しようとする願望であり、ギリシャ悲劇の主人公の名をとって、エレクトラコンプレックスという。カインコンプレックスは、旧約聖書の創世記に出てくるカインとアベルの話に由来するコンプレックスで、兄弟間にある敵対感情、ひいては他人を出しぬきたいという無意識内の願望をいう。メサイヤコンプレックスは、やたらと他人を救いたがる願望で、背景に自分の劣等感がある。自分の劣等感を救って欲しいという願望を他人に投射することによって起こるコンプレックスである。個人的無意識は、忘却した記憶、抑圧した経験、意識に上らない知覚から構成されている。これに対して「普遍的無意識」は、個人を超え、人類に共通する無意識で、個人的な経験に根ざすものではない。この「普遍的無意識」を導入したところが、フロイトとの相違点である。次に、フロイトは、無意識を満たされない欲望の貯蔵庫と考え、無意識のネガティブな面を重視したが、ユングは、無意識を意識の補償をするだけでなく、将来のプランも貯蔵されていると考え、無意識のポジティブな面を重視した。ユングは、意識を支配する主体として、フロイトと同様に「自我（ego）」を考えたが、意識および無意識全体を支配する主体として、「自己（self）」を考えた。この「自己」は、「普遍的無意識」の中にあり、「自我」に働きかけて「自我」を成長させ、自己実現させると考えたのである。これを、「自己実現の過程（あるいは、個性化の過程）」と呼んだ。ユングは、無意識を分析するために夢分析を行った。そして、「普遍的無意識」の中には、人類共通の夢内容があり、それを「元型（アーキタイプ）」と呼んだ。この元型には次に示すようなものがある。

・「影」　個人の性格のうちで、表に出ない性格で、意識から抑圧されてきたものである。ペルソナと相容れないもの、社会的な基準や理想に合わないもの、当人に拒絶された欲望や経験が含まれる。夢の中では、動物・小人・浮浪者・気に入らない友人など劣った存在だと考えているものとして現れてくる。

・「ペルソナ」　仮面を意味し、社会で適応するために親は親としての仮面をかぶり、教師は教師としての仮面をかぶって行動していると考える。夢の中では、衣服や靴、あるいは、ステイタスのシンボルである車、家、学位として現れる。ペルソナの強い人は、過度に着飾った服や着膨れした姿で現れ、ペルソナの希薄な人は、裸やそれに近い姿で現れる。

・「アニマ」　男性の中にある女性的な部分で、夢の中では女性として現れる。アニマは、男性の中にある未発達な女性原理で、情緒、ムード、恋愛感情に関連する。アニマは、ラテン語で息吹き、生命、魂を意味する。アニマは、男性の欠点を補って完成した人間に導くこともあるし、破滅させることもある。若いときは、アニマは娼婦的な女性として現れ、そのうち、聖女、最後に賢女として現れてくる。アニマは男性の運命を左右する元型である。

・「アニムス」　女性の中にある男性的な部分で、夢の中では男性として現れる。女性が未発達のまま心の中にもっている男性的な知性や決断力を表す。アニムスは、最初父親のような男性として現れ、後に、スポーツ選手や指導者として現れ、最終的には、老賢者として現れてくる。アニムスは、女性の運命を左右する元型である。

・「太母（グレートマザー）」　女性が成長してゆくときの成熟した自己イメージで、女性の成長の究極的な目標である。聖母、女神、観音として表現される。また、渦巻き模様や迷路、大きな花瓶、落とし穴、洞穴、地下の世界としても現れる。太母は、女性だけでなく、男性にも重要な関わりをもち、男性が一人前の大人になるためには、現実の母親から独立するだけでなく、太母からも独立する必要がある。

・「老賢者（オールドワイズマン）」　自己が夢の中で形を変えて現れたもの。いろいろと知恵を与えてくれる。完成した男性のイメージで、男性の成長の究極的な目標で、夢の中では、老人、仙人、守護者として現れる。

・「自己」　意識と無意識を支配する主体で、普遍的無意識の中にあり、老賢者やマンダラとして現れる。

二．夢分析

ユングは、意識の中には個人の優越機能があり、この優越機能を中心に自我が作られてゆくと考えた。そして、無意識の中には個人の劣等機能が隠されていると考えた。「個性化の過程」とは、まさにこの劣等機能に気づき、優越機能と劣等機能の両方を取り入れた高次の自我を作ってゆくことであると考えた。ユングは、夢分析を通して無意識の世界を知ろうと考えた。夢分析の中で重要なのが、「初回夢」と「反復夢」である。「初回夢」は、カウンセリングを始めた最初のときに見る夢で、本人のカウンセリングに対する気持ちなどが現れると考える。「反復夢」は、繰り返し見る夢で、まだ解決されていないものがあると夢で出てくると考えられる。以下に青年期によく見られる夢内容や頻繁に現れる夢内容を列挙する。

・旅に出る夢　新しい出発、人生の転換を意味する夢。
・川を渡る夢　新しい視野が開けるときや、重大な決心をするときに見る夢。人生の勝敗を決める重要なときである。川は、新しい運命が開けることを意味する。
・空をとぶ夢　新しい冒険や知らない分野の開拓をしようとするときに見る夢。また、現実からの逃避を表す場合もある。
・歯が抜ける夢　人生観の変化を表す夢。今まで尊敬していた人が、付き合ってみるとつまらない人だと感じたときなどに見る。新しい洞察を意味する。
・追いかけられる夢　解決すべきなのに、未解決の問題がある。
・戦う夢　心理的な葛藤を意味する。
・海　太母の象徴。嵐の海は無意識の底にある力の出現を意味し、静かな海は瞑想的な無意識への洞察を意味する。
・乗り物の夢　電車の夢は、大きな社会での運命を意味する。自動車は、自分の意志で運転するもので、強い意志を表す。自転車は、バランス、自立を意味する。船は、無意識の大海を渡るもので、自我の象徴である。

夢を通して、自分が気づかない無意識の世界を知ることができる。ただ、夢をどのように解釈するかに関しては、注意が必要であろう。歯が抜ける夢＝人生観の変化ではなく、人生観が変化したときに、歯の抜ける夢を見ることが多いというだけで、歯の抜ける夢を見ないこともあるであろうし、歯が抜ける夢を見ても人生観の変化とは関係ないかもしれない。その日に抜いた歯が痛くて夢の中に出てきただけであるかも知れない。重要な夢は何度も繰り返して見るので、繰り返し見る夢に注目することが重要である。そして、その夢内容から自分が思い当たることを考えてゆくときに、上述した夢の手がかりが重要な役割を果たす。夢は、すぐに忘れてしまうので、覚えているうちにメモをしておくのがよい。夢は、意識の補償作用であり、意識では経験しにくい部分が夢となって現れる。また、夢には将来のプランも含まれているとユングは考える。無意識の世界で将来の準備がなされているのである。劣等機能として意識の上に現れないものの中に自分の成長にとって必要なものが隠されており、それが夢を通してメッセージを与えてくれているのである。そのようなものに気づき、それを受け入れてゆくことが心の成長につながるのである。

三、夢の生理学

睡眠には、レム睡眠とノンレム睡眠がある。レム睡眠は浅い睡眠で、大脳皮質は働いている状態にあるが、身体は休んでいる状態である。急速な目の運動（ＲＥＭ＝Rapid Eye Movement）があるのが特徴である。ノンレム睡眠は深い眠りで、大脳皮質は休んでいるが、身体は起きているために寝返りをうったりする。目は、ゆっくりとリズミカルに動く。寝ているときには、このレム睡眠とノンレム睡眠が規則的に繰り返し起こっている。睡眠は約九〇分の周期で起こり、各周期においてノンレム睡眠から始まり、深い眠りに入り、時間の経過とともにレム睡眠に変わってゆく。最初は、ノンレム睡眠の方が長いが、明け方になるとレム睡眠の方が長くなり、起きる準備が始まるわけである。大人の場合は、七五％がノンレム睡眠といわれている。夢は、レム睡眠とノンレム睡眠の両方で見られているようであるが、レム睡眠の場合の夢とノンレム睡眠の夢では、若干の違いがある。レム睡眠での夢は、生き生きとした夢が多く複雑で長いのに対し、ノンレム睡眠では、夢が断片的で、短く、あまり生き生きしていないといわれている。ノンレム睡眠における夢は、レム睡眠のときに見た夢の痕跡で、基本的には、レム睡眠の間に夢が見られているのではないかと考えられている。デメント（Dement, W.C.）の研究によると、レム睡眠の最中に起こして夢内容を尋ねると、生き生きとした夢が報告されるが、レム睡眠が終わって五分後に起こすと、生き生きとした夢の報告はなされなくなり、断片的な夢になる。一〇分後に起こすと、断片的な夢も少なくなり、二五分後に起こすと、誰も夢を報告しなくなる。また、レム睡眠の時に起こしてしまい、夢をみる機会を除いてしまうと、その人は、精神的に不安定になったり、いらいらしたり、神経質になったりする。そして、次の日にはレム睡眠が多くなる傾向がある。レム睡眠は生理学的に重要なのである。

四．時

ユングの考え方の中で、もう一つ重要な概念が、「時」である。「時」には、時計で計れる「時」である「クロノス」と、時計では計れない時である「カイロス」がある。「カイロス」は、「時期」のような「時」で、異性に興味を全くもっていなかった人が、異性に興味をもち始める「時」、家の手伝いをしなかった子どもが、家の手伝いを始める「時」で、自我の発達や自己実現を考える上で、重要な概念である。そして、さらに、「時」と関連して「共時性」という概念も重要である。「共時性」とは、「意味のある偶然の一致」を意味し、互いに因果関係のない二つの出来事が偶然に同時期に起こるのであるが、偶然にしてはあまりにも意味のある偶然として生じるのである。例えば、ある力士は、中学生の時たまたま近くのデパートに行き、そこでたまたま開かれていたある有名力士のサイン会に顔を出して、その力士との出会いを通して力士への道が開けたそうであるが、これなどは、共時性の例であろう。このように、自我の発達や自己実現の重要な時期には、この「意味のある偶然」がよく生じる。これは、まさに個人が次の段階にゆくために誰かがアレンジしてくれたようにして起こるのである。このように、次の段階にゆくために、足りない要素が揃えられることを「アレンジメント」と呼ぶ。

五．ユングの性格類型

ユングは、人間には異なる二つの一般的態度があると考え、関心や興味が外界の事物や人に向く場合を「外向型」、反対に、内的世界に向く場合を「内向型」と呼んだ。そして、さらに、「感覚」、「直観」、「思考」、「感情」という四つの心的基本機能を考えた。「外向型」は、自分を取り巻く社会に興味があり、行動基準も社会に合わせ、社会に順応しようとしてゆく。自分の関心は、客観的な出来事、特に、身近な周囲の出来事に向けられる。そのため、行動も他の人物や物事に左右される。これに対して、「内向型」は、周りの社会に順応してゆくことよりも自分の主観的な考え方を重視してゆく。社会の行動基準よりも自分の行動基準を重視してゆく。「感覚」と「直観」は、外からの情報を取り入れる情報収集の機能で、外界の対象を知覚したときに、それは赤い花であるというように感覚器官に基づいた知覚的な判断をする場合を「感覚機能」、直観に基づく判断をする場合を「直観機能」と呼ぶ。感覚は、外界の情報を細かく正確に取り入れてゆくのに対し、直観は細部よりも全体的な判断をもとに取り入れてゆく。これに対して、「思考」と「感情」は、取り入れた情報に対して判断や意志決定をする機能で、赤い花を見たときに、それは、春に咲く花であるというように客観的な判断をする場合を「思考機能」と呼び、快・不快、好悪のような判断をする場合を「感情機能」と呼ぶ。思考は、客観的事実や論理的な基準に基づく判断であるのに対し、感情は当人の価値判断に基づく。思考と感情は、合理的機能で、偶然性や非合理的なものを意識的に排除しようとする。これに対して、感覚と直観は非合理的機能で、一般法則よりも偶然性を重視する。感覚と直観、思考と感情は対立関係にあり、感覚機能が発達している人は、直観機能が未発達であり、逆に、直観機能が発達している場合は、感覚機能が未発達である。思考と感情に関しても同様の対立関係が存在する。そして、個人が主として依存している機能を主機能、対立している機能を劣等機能と呼ぶ。ユングは、これらの組み合わせによって人間の性格を八つのタイプに分類した。

・外向的思考型　外的な世界に興味をもち、たくさんの情報を集め、論理的に分析しようとする。男性に多い。思考は肯定的で、判断は総合的。科学者のタイプ。ねばならない型。
・内向的思考型　外的な世界の事実や知識の量よりも、抽象的な概念に興味をもつ。哲学者のタイプ。思い込み型。
・外向的感情型　他人との付き合いが上手で、積極的に感情豊かに他人の面倒をみようとする。その場にふさわしい雰囲気を作ろうとし、思考的に正しくても感情を妨げるものは、拒絶してしまう。女性に多い。セールスマンのタイプ。そうでありたい型。

・内向的感情型　感情は豊かであるが、その対象が外界の個人には向けられず、人類全体の幸福や福祉に興味が向いてゆく。無口で近寄りがたい印象を与える。思い込み型。

・外向的感覚型　物事を細かく観察するのが得意で、職人的。エンジニアのタイプ。現実主義。快楽取り入れ型。

・内向的感覚型　外界の対象そのものよりも、それから受けた主観的な印象をもとに内的な世界で生きてゆく。芸術家や詩人のタイプ。イメージ展開型。

・外向的直観型　安定した状況を好まず、つねに新しいことや可能性を追求する。全体的な判断が得意。評論家やコメンテータのタイプ。男性、女性ともに多く見られる。ひらめき型。

・内向的直観型　独創的で飛躍的な着想をもっているが、それが外に現れにくい。イメージ展開型。

六、無意識のライフデザインに気づけ

ユング心理学は、人生設計をする上でさまざまなヒントを提供する。その一つが、無意識の中で準備されている将来へのプランである。人生設計には、本人が意識的、意図的に考えている人生設計と、本

人が非意図的に準備している人生設計が考えられる。ユング心理学は、後者の人生設計に関するヒントを与える。意図的な人生設計は、とかく本人の理想に基づく人生設計になりがちであるが、非意図的な人生設計は、本人の特性にあった人生設計である可能性が高い。人は、知らず知らずのうちに、自分の欲する方向に歩いているのである。本当に望む人生設計は、非意図的に知らず知らずのうちに準備されてゆくのである。よって、人生設計を考えるとき、自分の心の奥で知らず知らずのうちに準備されているものに気づくことが重要であろう。「心の声」に耳を傾けるのである。

これは、自分がしたいことよりも自分ができることを中心に人生設計を考えてゆくことと関連する。また、ユングの「時」という考え方も人生設計に大きなヒントを与える。自分の人生目標に向かって進んでゆくとき、かならず障害に出くわす。せっかく受験勉強をして、自分の望む大学に入学したにも関わらず、親がリストラになり、授業料を払うのが難しく、大学を退学せねばならなくなった「時」、自分の人生目標であった職業に就いたにもかかわらず、壁にぶつかってしまった「時」など、人生目標達成において、この「時」が頻繁に出現する。そのようなとき、四苦八苦して頑張りつづけていると、ある日、突然、ブレイクスルーが起こることがよくある。奨学金が新たに作られたり、自分の仕事を手助けしてくれる人が現れたりする。困難に遭遇したとき、すぐにあきらめてはいけない、どうすれば、困難を乗り切ることができるのか、その方法をいろいろと考えてみることである。十分に考え抜いたあと、ある一つのアイデアがどこからともなくやってくる。これは、創造性とも関わることであるが、問題に十分に取り組んだ後、ある一定期間の後にアイデアが浮かんでくる。そのアイデアが、障害物打開のよい手がかりになることが多いのである。人生設計は長期的な計画であるので、短期的にうまくゆかなくとも、長期的な視点からみると、その障害は一時的な障害であることも多い。道を歩いていると、通行止めになっている道はよくあるものである。毎回、通行止めに悩んでいても仕方がないというものである。時間がかかる通行止めであるならば、他の道を探して目的地に向かうべきであり、時間がかからない通行止めであるならば、しばらく待っていればよいのである。この障害物は、自分の心の中の劣等機能と関連する可能性が高い。障害物を越えるには、自分の中の何かが足りないのである。その何かとの出会い、それは、心の中の劣等機能との出会いでもある。その意味で、壁にぶつかるというのは、自分の劣等機能との出会いを意味するのである。自分の劣等機能に気づき、それを自分の中に受け入れてゆくことが障害物克服の手だてとなることは大いにありうることなのである。親がリストラされ、授業料が払えなくなったとき、大学を辞めてしまうか、あるいは、とりあえず大学を辞めずに、自分で授業料を稼ぐ手だてを考えることは、心の発達の上では自立心との出会いである。親のリストラという事態が、自立心を芽生えさせるきっかけを作ったのである。これに気がつくと、自立心がそれなりに準備されている学生であれば、アルバイトで何とか頑張ってみようという気持ちが出てくる。人生の壁は、自分を成長させる新たな扉なのである。そうであるならば、適度な壁は大歓迎というものである。大きな壁は、それだけ自分の劣等機能に気づかせてくれる。それが乗り越えられなくとも、劣等機能に気づいただけで一つの成長である。その成長の繰り返しが壁を少しずつ低くしてくれるのである。

ユングの個性化の過程は、心の人生目標への過程である。人は、優越機能と劣等機能を統合した、高次の人格を目指して成長してゆくのである。それが個性化の過程であり、心の発達の最終目標である。将来小説家になるとか、学者になるとか、社長になるといった人生目標は、心の人生目標のサブゴールである。これらの目標のさらに後ろに心の人生目標があるのである。よって、人生の壁に出会うということは、最終目標に到達するためには、非常に重要なことなのである。既に親から準備された道を通り、壁を経験せずに社長になっても、それが心の人生目標に近づいているかどうかは別問題である。準備された道がなくなってから、いよいよ壁との出会いが始まるのであり、そこから人生の最終目標への旅立ちが始まるのである。よって、人生の壁は、その人を成長させるために与えられたアレンジメントなのである。

5 アドラーの個人心理学から学ぶ

与えられた資質を生かせ

一・個人心理学

アドラー（Adler, A.）は、一八七〇年二月七日、ウィーン近郊のペンツィングにユダヤ人の穀物商の子どもとして生まれる。比較的裕福な家庭で、幼少のとき、虚弱で、病気とともに不幸な経験を繰り返す。中学のとき、数学のために留年し、後に努力によって最も優秀な成績を修める。一八九八年に眼科医として開業し、一九〇二年にフロイトのサークルに加わる。フロイトの精神分析に興味をもち、フロイトとしばらくの間共同研究をするが、一九〇七年に「器官劣等性に関する研究」を発表し、このころからフロイトと意見が対立し始める。そして、一九一一年にはフロイトのもとを離れる。アドラーは、フロイトやユングと異なり、心を意識と無意識に分けることを重視していない。アドラーは、行動の原動力として、劣等感を考え、劣等感情が劣等感を克服しようとする行動に向かわせ、最後に権力への意志（優位欲求）へ向かわせると考える。アドラーは、個人の行動の原因を探るよりも、行動の目標の解明を重視したのである。個人は、意識化されない独自の目標をもっていて、全ての行動は、この目標に向かうと考える。そして、この目標に向かう一貫した行動を「ライフスタイル」と呼び、幼児期に形成されると考えた。アドラーの心理学は、「使用の心理学」とも呼ばれ、与えられた自分をどのように使えば最もうまく生きることができるかを考える。すなわち、何が与えられるかが問題ではなく、既に与えられたものをどう使うかが問題なのである。よって、人の評価はもっている能力をどう使うかで決まると考える。それゆえ、決意をすることよりも実行することが重要であり、結果よりもプロセスが重視される。

アドラーは、人間行動の動機づけの基礎として、「劣等感情」、「優位欲求」、「社会的関心の喚起」を挙げている。人は、幼児期においては、無力で弱く、他者依存的であるため劣等感情を発達させてゆく。そして、優位を求めて劣等感情を補償しようとする。これが優位欲求である。そして、社会に貢献しようとする動機づけができてくると考える。これが、社会的関心の喚起である。アドラーにとって、健康な適応している人とは、失敗を恐れず、直面する困難から逃げたりしない勇気があり、物事をあるがままにみようとし、他人に興味を示し、個人的な成功を求めるよりは、社会に貢献することを望む人である。逆に、不適応な人とは、困難に直面したときに、それから回避しようとし、失敗に耐えることができず、言い訳をし、社会的関心が欠如している人である。アドラーは、不適応な人を治すには、個人のライフスタイルを発見し、劣等感を除去し、社会的関心を喚起することが必要であると考える。また、ライフスタイルは、幼児期に形成されるので、幼児期にどのようにして育ったかが重要であると考える。虚弱な、あるいは不完全な器官をもって生まれた子どもは、劣等感をもちやすく、しばしば人生において失敗しやすい。しかし、劣等感の補償が成功すると強い人間になると考える。また、厳しすぎる環境あるいは無視された環境では、社会的な関心が発達せず、反社会的な行動をとると考える。逆に、甘やかされても社会的な関心が未発達になり、依存的あるいは自己中心的になると考える。子どもにとって必要なことは、勇気づけることであり、独立と承認を与えることなのである。

二. ライフスタイル分析

ライフスタイルは、「依存型」、「競合型」、「自立型」の三種類に分類される。依存型および競合型のライフスタイルは、ともに不健康なライフスタイル、自立型のライフスタイルは、健康なライフスタイルと考える。依存型は、さらに、「消極依存型」と「攻撃依存型」に分類される。消極依存型は、自分は弱いからといって人生の課題に取り組もうとしない。いつでも他人の援助をあてにしている。あらゆる努力を払って他人に奉仕させようとする。また、魅力やかわいらしさを武器にする。自分がＯＫでない限り、他の人が自分を保護してくれるというライフスタイルで、ＯＫでないままでいようという考えである。問題児や不安神経症がこれに属する。ここで、ＯＫとは、生きることを保証されていること（安心感）と生きてゆくことができること（自信）を意味する。攻撃依存型は、他人は、自分に奉仕して当然という考えをもっており、ＯＫでない自分を保護してくれない他人は、罰するべきであると考えている。いつも人を当てにしていて、自立していない。この人は、自分に対してどんなよいことをしてくれるのかということで、他人を評価する。自分の利害にはとても敏感であるが、他人の利害には無関心である。これに対して、競合型は、ＯＫではないが、ＯＫになろうという気持ちがあり、積極競合型は自分が他人より優れているときは、ＯＫと考え、競争して他人に勝とうと考える。対人関係を競争とか勝ち負けでとらえようとする。常に、絶対に、全ての分野において有能でなければならないと考え、激しい優越競争に明け暮れる。心身症やうつ病がこれに属する。これに対して消極競合型は、失敗回避型で自分が負けなければ、ＯＫと考える。失敗しないためにチャレンジを避け、失敗しそうなことは絶対にしない。たえず失敗しないかと恐れ、臆病で、引っ込み思案である。そして、必要以上に良心的で、清潔さに気を配り、時間厳守である。また、表面的にはよい対人関係を作るが、親しい関係にまで発展しない。強迫神経症や対人恐怖がこれに属する。自立型のライフスタイルの場合は、自分も他人もＯＫ

であると考え、他人と協力して、共同体に貢献しようと考える。

三．共同体とは何か

アドラーの個人心理学における共同体は、通常の共同体とはいくつかの点で異なる。まず、個人心理学での共同体は、縦の関係ではなく、横の関係で成り立っているということである。日本の社会は、縦の社会であり、階層構造がある。会社組織の中では、階層構造の一番上に社長がいて、その下に部長や課長が位置づけられ、階層の一番下に一般社員が位置づけられている。これは、上からの命令が下の階層へ伝わってゆく構造であり、支配・服従の関係が成り立っている。しかしながら、個人心理学の中での共同体は、横の関係で成り立っているので、支配・服従の関係ではない。協力・対等の関係である。何をするかは自由であり、自由が大切にされる。何をするかは自分で決め、自分で責任をもつ、自己決定・自己責任の社会である。縦の関係の社会では、上からの命令に従って何をするかが決まってくるので、結果の責任は命令の主体が負うことになるが、横の関係の社会では、自分で責任をもつのである。個人心理学における共同体には、競争はなく、協力が存在する。競争することをやめ、互いに協力する。勝ち負けよりも自分自身の成長を重視するのである。よって、達成できていない部分、足りない部分よりも、既に達成できている部分を評価するのである。協力は自立を前提としているので、頼まれない限り、他人のすることには口を挟まず、相手を信頼し、尊敬するのである。個人心理学の究極の目標は、このような共同体への貢献であり、共同体感覚の育成である。

家族の雰囲気も縦の関係の雰囲気と横の関係の雰囲気に分類される。健康なパーソナリティを形成するためには、家族においても横の関係の雰囲気が重要であると個人心理学では考える。好ましくない家族の雰囲気として、「過保護」、「甘やかし」、「拒否」、「権威主義」、「高望み」、「哀れみ」、「一貫性の欠如」、「不和」、「絶望」、「悪口」、「感情の否定」、「競争」を挙げている。過保護では、子どもは自分の行動の責任をとらなくなり、甘やかしでは、自分中心のエゴイストになる。子どもを拒否すると、子どもは自分を無価値だと感じ、自信欠如となり、家族が権威主義的であると、子どもは支配的になり、力に頼るようになる。また、子どもに高望みをすると自分を無能であると思いこみ、子どもに哀れみをかけると、子どもは哀れみを誘って義務から逃れようとする。家族に一貫性が欠如すると、子どもは人を信用しなくなり、家庭内が不和であると、子どもはけんかで問題を解決しようする。家族が絶望していると子どもも絶望的になり、悪口をいうとひねくれた悲観主義者になる。感情を否定すると、感情を包み隠すようになり、競争的であると、子どもは競合的になり人と協力できない。横の関係の雰囲気では、家族は、開放的に話し合い、互いに相手を尊敬し、受け入れ、友好的に助け合い、どれだけできたかという取り組む姿勢を重視する。

四．与えられた資質を生かせ

アドラーの心理学も人生設計のために重要な手がかりを与える。まず、人間には本人が気づかない独自の目標があり、全ての行動はそれに向けられているということである。

そして、その目標行動がライフスタイルである。健康なライフスタイルであればよいが、不健康なライフスタイルの場合、それを変えてゆく必要が生じる。アドラーの心理学において、気がつかない独自の目標は、どちらかというと不健康なライフスタイルに基づく目標であるので、ネガティブな人生目標である。それをポジティブな人生目標に変えてゆくことが重要になってくる。アドラーにとってのポジティブな人生目標は、共同体への協力と貢献である。そして、それは自己決定と自己責任を重視する共同体である。ポジティブな人生設計においては、この自己決定と自己責任が重要である。ネガティブな人生目標をやめて、自分のポジティブな人生目標を自分で決めるということ、そして、自分で決めた人生目標には自分で責任をもつということである。では、どのようにして新たなポジティブな人生目標を決めてゆけばよいのであろうか。そのためには、まず、ネガティブな人生目標に気づかせるということである。そして、劣等感がある場合、その劣等感を除去し、勇気づけを行う必要がある。勇気づけにおいては、結果を重視することよりも、そのプロセスが重視される。達成できている部分を誉めることが重要なのである。そして、もう一つ重要なことは、「使用の心理学」という考え方である。自分にどのような資質が与えられているのかに、まず気づくことが重要である。自分の人生を自分に与えられていない資質をもとに考えるよりも、自分に与えられている資質をもとに考えた方が、成功しやすいのである。しかし、実際問題として、自分に与えられている資質がはっきりしない場合が多い。資質というと生得的に与えられているものと考えがちであるが、もう少し広い意味で、既に与えられている特性と考えると、生後の環境によって与えられたものも含む。生理的・身体的な資質は、どちらかというと、生得的な要素が強いが、経済的資質となると、環境的な要素も深く関わってくる。スポーツの世界では、生理的・身体的要素が中心であるので、それを満たさないとなかなか成就しにくい。しかしながら、それ以外の分野であると、資質が与えられているかどうかの判断は難しくなる。どのような資質も全く与えられていないという人は少ないので、量的な問題なのか質的な問題なのかが重要になってくる。例えば、数学ができるという人の場合、数学の公式をよく覚えていて問題が与えられると、それに対する解き方がすぐ浮かび解いてしまう人と、公式はそれほどよく知らないが、自分の知識を応用して最終的には解いてしまう人、成績は同じであっても質的にはだいぶ異なる。数学者になるには後者の人が向いていると思われるが、数学を使用する程度の職業であれば、前者でも成功するであろう。また、資質がどれくらい必要とされるかによってもだいぶ異なる。スポーツを趣味のレベルで行う場合とオリンピック出場を狙う場合では、やはり資質のレベルが異なる。よって、自分の人生目標が何であるかによって、資質の質やレベルについて考える必要がある。自分に資質があるかどうかわからないものよりも、とりあえず、自分に資質がありそうなものを選んでゆくことが第一歩であろう。そして、それが質的なレベルの資質か、量的なレベルの資質かによって将来の方向も少しは見えてくるであろう。そして、将来の目標を決めたならば、その達成を決意して、実行することが重要である。その際に、自分が属している社会にどのように貢献できるかを考えることは、意義のあることである。自分ができない貢献よりもできる貢献をすることが重要なのである。自分ができることを中心に人生目標を考えてゆけばよいのである。社会への貢献を考える行動は、人から賞賛され、それが勇気づけとなってくる。

6 バーンの交流分析から学ぶ

ネガティブな人生脚本よ、さようなら

一．交流分析における自我構造

交流分析は、米国の精神医学者バーン（Berne, E.）が始めたもので、自我構造分析、交流分析、脚本分析、時間の構造化から構成される。自我構造は、親の心（P）、大人の心（A）、子どもの心（C）に分かれる。そして、さらに、親の心は、父性的な心（CP）と母性的な心（NP）に、子どもの心は、自由な子どもの心（FC）と従順な子どもの心（AC）に分かれる。父性的な心は、毅然さ、厳格さ、批判的な精神が特徴で、母性的な心は、保護的、養育的であることが特徴である。大人の心は、感情に

左右されない合理的な判断が特徴であり、自由な子どもの心は、天真爛漫、無邪気、創造性、自由奔放を意味し、しつけなどによる親の影響が最小限にとどまり、もって生まれた自然に近い形で振舞う。従順な子どもは、従順、優等生、よい子、服従を意味する。成長の過程で親の影響を強く受けることによって形成されてゆく。CPが強いと批判的、厳格を意味し、弱いとまあまあ主義、ルーズ、無気力、無責任を意味する。CPが強い場合の職業として、校長、軍人、政治家、スポーツマンが挙げられる。NPが強いと、いたわりややさしさの気持ちが強いことを意味し、NPが弱いと冷淡を意味する。NPが強い場合の職業として、保母、美術教師、看護婦、カウンセラー、医師が挙げられる。Aが強いと能率的、現実的で損得勘定が強いことを意味し、Aが弱いと、詩人的、お人よし、非現実的を意味する。Aが強い場合の職業として、牧師、物理学者、統計学者が挙げられる。FCが強い場合、自由奔放で、天真爛漫を意味し、弱いと萎縮を意味する。FCが強い場合の職業は、俳優、歌手、芸術家が挙げられる。FCが強すぎると、本能的、衝動的になって、外界の現実を考えずに即座に快楽を求めたりする。ときには、自分の感情にブレーキもかけられなくなる。ACが強い場合、従順、優等生、よい子を意味するが、ACが弱いと、反抗的でひねくれを意味する。ACが強い場合の職業として、秘書、タイピスト、ウェイトレス、家政婦が挙げられる。ACが強すぎると、抑制が強すぎて、本来の自分を生きることが妨げられていると考えられる。怒りの感情や反逆的な傾向を秘めている。自我構造は、これらの要素の強さによって決まり、エゴグラムによって分析される。エゴグラムは、自我構造の五つの特性を各一〇問の質問によって測定し、CP、NP、A、FC、ACのパターンから分析をしてゆく。図6−1が示すように、自己肯定他者肯定型は、エゴグラムがへの字型になり、自己否定他者肯定型は、N字型に、自己肯定他者否定型は、逆N字型になり、自己否定他者否定型は、逆への字型になる。これらは、交流分析では、「基本的構え」と呼ばれ、幼児期の基本的信頼感が関連している。肯定とは、生きることを保証されているという安心感、そして生きてゆくことができるという自信を意味する。自己肯定他者肯定型は、適応型で正常人のエゴグラムパターンである。

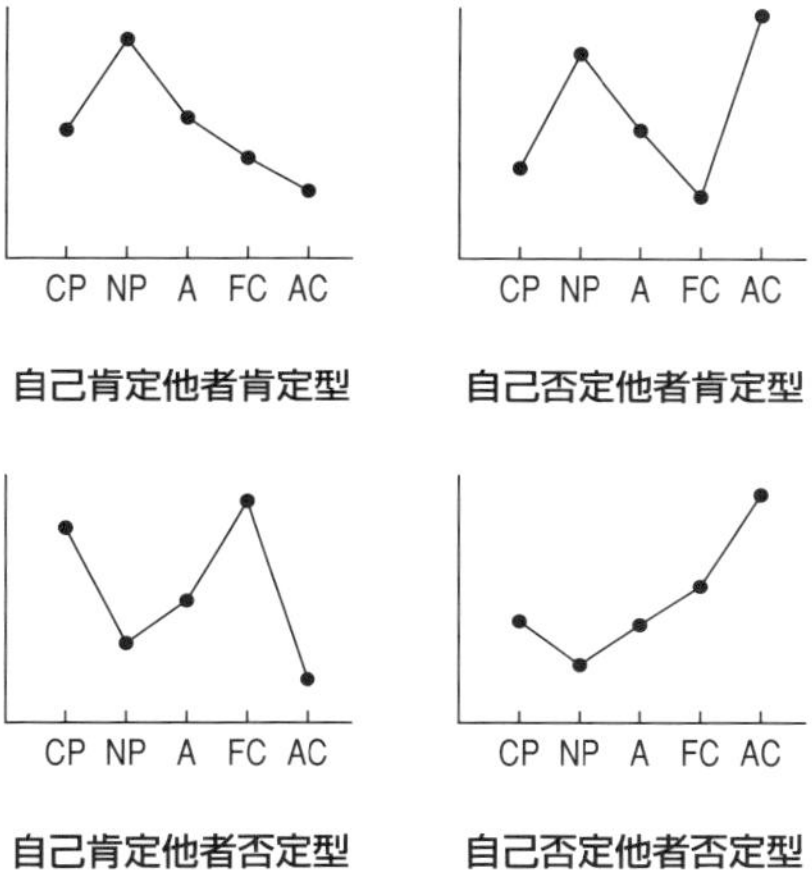

図6-1　基本的構えのパターン

自己否定他者肯定型は、過大な要求を課す親のもとで育つ場合に生じると考えられている。コンプレックスで悩んだり、憂鬱になりやすい人がとる構えである。責任ある立場におかれそうになると、口実を作り、それを避けようとする。また、重要な場面で抑うつ的になったりする。うつ病に関連する。自己肯定他者否定型は、親から過信されており、必要な訓練や精神的指導を受けていない。自分の意のままに行動し、要求を通そうとする。自分の肌に合わぬ人や状況を全て排除しようとする。また、大きな望みを実現するために、常に活動している人である。パラノイアに関連する。自己否定他者否定型は、子どもの存在そのものを否定したり、成長を望まないような親の態度に基づく。他人が与えようとする保護や愛情を拒む傾向があり、孤独で自閉的な生活を送る傾向がある。自殺や他殺といった破壊的な行動に出る傾向もある。エゴグラムは、五つの自我状態のいずれが優位であるかを調べることも重要である。ＣＰ優位型は、他者否定的で、懲罰的、ＮＰ優位型は、他者肯定的で、世話好き、Ａ優位型は、中立的で、論理的、ＦＣ優位型は、自己肯定的で、創造的、ＡＣ優位型は、自己否定的で、依存的であることを意味する。

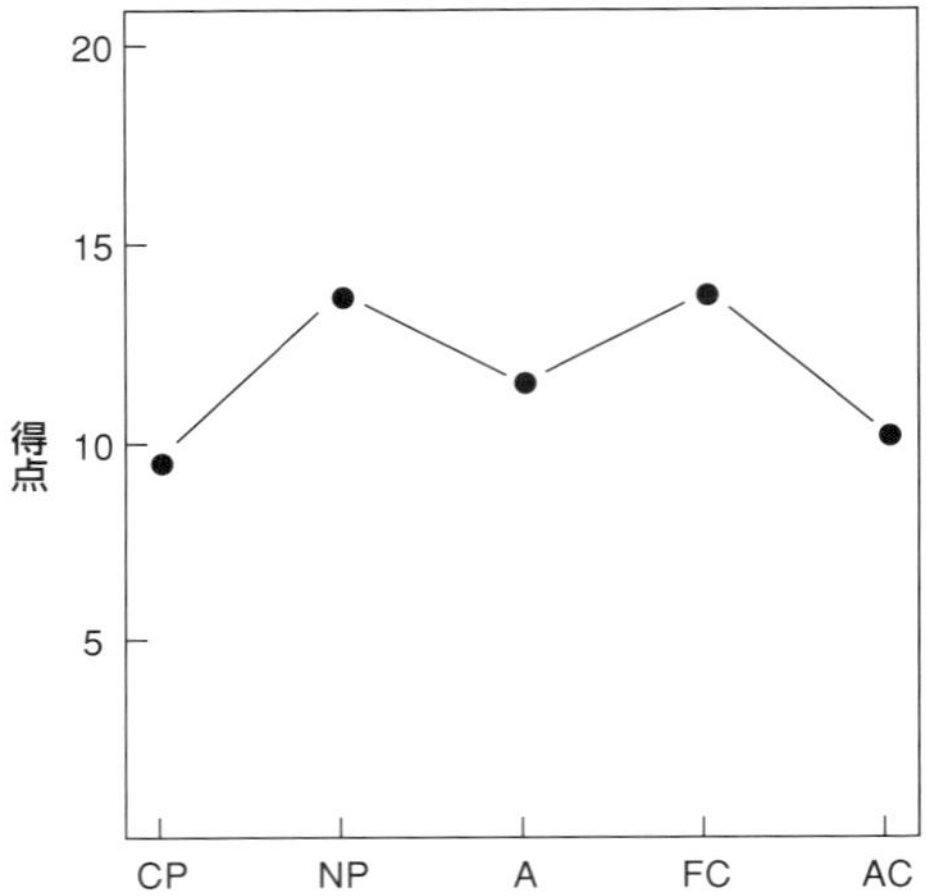

図6-2　大学生の平均的エゴグラムパターン

大学生一八〇名（男九六名、女八四名）を対象にエゴグラムチェックリスト（杉田、一九八五）を実施し、エゴグラムの各特性の平均値を求め、平均的なエゴグラムを作成した。結果は、図6-2に示すように、平均的なエゴグラムパターンは、Ｍ型を表した。優位型を調べると、ＣＰ優位型は、五名（二・八％）、ＮＰ優位型は、五四名（三〇％）、Ａ優位型は二〇名（一一・一％）、ＦＣ優位型は、六六

表6-1　エゴグラムにおける5つの特性間の相関係数

	CP	NP	A	FC	AC
CP	1.00	0.13	0.21	0.15	－0.01
NP	0.13	1.00	0.05	0.31	－0.08
A	0.21	0.05	1.00	0.19	－0.21
FC	0.15	0.31	0.19	1.00	－0.34
AC	－0.01	－0.08	－0.21	－0.34	1.00

名（三六・七％）、ＡＣ優位型は三五名（一九・四％）であった。さらに、五つの特性間の相関係数を計算してみると、表6－1のようになる。ＮＰとＦＣは正の相関があり、ＦＣとＡＣは負の相関がある。

二．交流のパターン

交流分析では、人が交流するときに、話しかける人の自我構造のどの部分が相手の自我構造のどの部分と交流しているのかを分析してゆく。例えば、Ｘさんの友達Ｙさんが困っているときに、Ｘさんが「どうしましたか、何か手伝いましょうか。」といった場合であれば、Ｘさんの自我構造のうち、親の部分であるＰが、Ｙさんの自我構造の子どもの部分であるＣに話しかけたことになる。このとき、Ｙさんが、「ありがとう。ではお願いします。」と答えれば、ＹさんのＣがＸさんのＰに対して返答したことになる。このように、ＰからＣへの交流に対して、ＣからＰへの返答がある場合を「相補的交流」と呼ぶ（図6－3を参照）。相補的交流は、交流がいつまでも続いてゆく交流である。これに対して、Ｙさんが、「自分のことは自分でします。」とＹさんの大人の部分Ａから

Xさんの大人の部分Aに返答すると、交流が交差する。これを「交差的交流」と呼ぶ。交差的交流に入ると、交流は終わることになる。交流には、「表面的交流」と「裏面的交流」が考えられ、表面的に伝えられる内容と、それとは異なった本心を伝える内容があり、前者の場合の交流を表面的交流と呼び、後者の場合を裏面的交流と呼ぶ。図6-3では、表面的交流は、実線で、裏面的交流は、破線で示されている。先ほどの例では、表面的に、Xさんが「どうしましたか、何か手伝いましょうか。」という表面的交流の裏で、「手伝ってあげるから、私が困っているときは、よろしく。」という意味が含まれていれば、裏ではXさんのCの部分がYさんのPの部分に話しかけていることになる。このように考えると、交流においては、話しかける人からは、表面的なメッセージの他に裏面的なメッセージも送られている可能性がある。裏面的交流が交差しているときは、「交差的裏面的交流」と呼ぶ。「手伝ってあげるから、私が困っているときは、よろしく。」というXさんに対して、「いやだ、そんなことはしたくない。」とYさんが返答するような場合である。

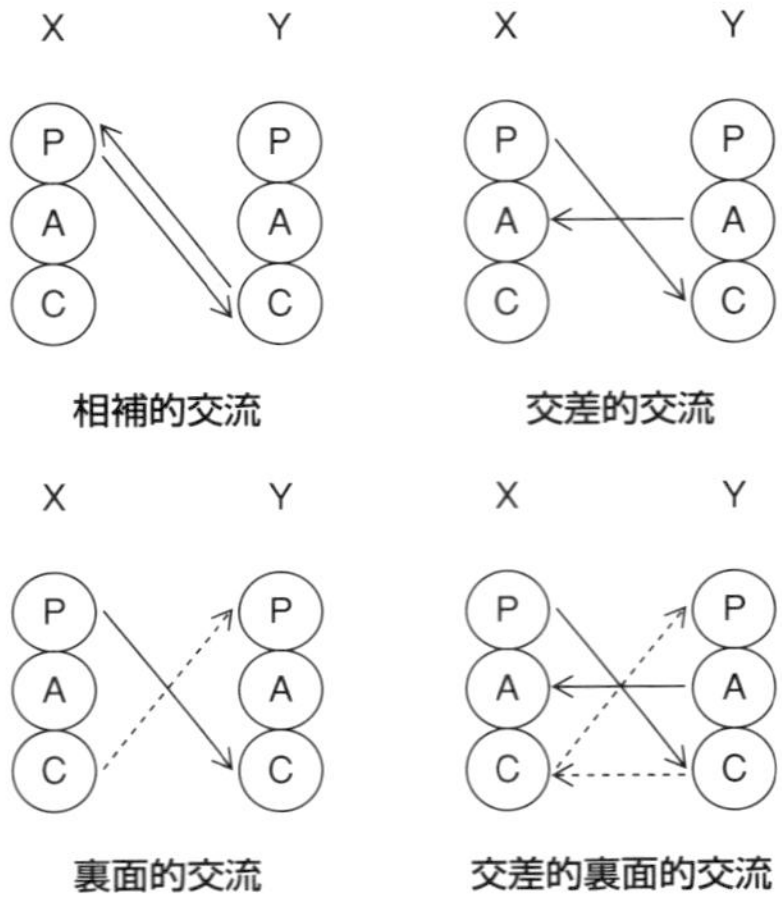

図6-3　交流のパターン

三．脚本分析

上述した基本的構えは、親から子への交流を通して作られてゆくと考えられる。このとき、親のCから子のCへのメッセージを「禁止令」と呼ぶ。禁止令は、否定的なメッセージで親が子どもに対して、「存在するな」とか、「近寄るな」といったメッセージを送る。これは、言語的なメッセージというよりも前言語的で、感情や身体感覚、身体的緊張、不快感によって伝えられる。これに対して、親のPから子のPへのメッセージを「拮抗禁止令」と呼ぶ。拮抗禁止令は、肯定的なメッセージで、親が子どもに対して、「完全であれ」とか「もっと努力をせよ」といったメッセージを送る。拮抗禁止令は、言語的なメッセージで、禁止令よりも発達的に後に送られる。このような親から子へのメッセージが子どもの人生脚本を作ってゆくと交流分析では考えてゆく。人が潜在意識にもっている人生計画を「脚本」と呼び、脚本分析では、この人生計画に気づかせ、不都合なものを修正してゆく。バーンは、脚本のタイプを幼児の決断という観点と時間の構造化という観点から分類している。幼児の決断による観点では、脚本のタイプは、勝利者、非勝利者、敗北者に分類される。勝利者は、人生のゴールを自分で決め、それに向かって全力を尽くし、それを成し遂げる。非勝利者は、何事につけても皆と同じレベルに達すると満足する人である。CPの指示に従っている人である。敗北者は、自分のゴールを達成することができず、思うようにならないと責任をよそに転嫁する。禁止令によって支配されている人である。

時間の構造化による観点では、「決して」式の脚本、「いつまでも」式の脚本、「まで」式の脚本、「その後」式の脚本、「いくたびも」式の脚本、「無計画」式の脚本に分類される。「決して」式の脚本では、やりたいことがあっても望みを果たすことは決してないタイプで、もう一歩踏み出せば欲しいものが手に入るのにそのようにはしない。「いつまでも」式の脚本では、親の怒りからいつまでも解放されずにいるタイプ。「まで」式の脚本では、あることを達成するまでは、幸福になってはならないと考えている。子どもが大きくなるまでは、という条件を自分に課して、自分を犠牲にしようとする。「その後」式の脚本では、物事がうまくいった後は、必ず災難が待っていると考えているタイプ。「いくたびも」式の脚本では、成功を目前にして失敗を繰り返すタイプ。「無計画」式の脚本は、言われるままに生きてきて、どのように計画を立てたらよいか、わからないタイプ。スタイナー（Steiner, C.）は、臨床的な観点から人生脚本を三つの基本形に分類している。最初のタイプは、抑うつ型（愛情欠乏型）で、幼少時に「ストローク（他人から与えられる刺激）」に関する禁止令を親から与えられているために、ストロークを得ることも与えることもできず、慢性的な愛情飢餓の状態にある。二つ目のタイプは、精神障害型（思考欠如型）で、幼少時から思考や判断に関する禁止令を親から受けており、事実を正しく観察し、適切な判断を下すことができずに、不適応、無気力、自己コントロールの喪失に陥る。三つ目のタイプは、薬物依存型（喜び欠如型）で、心身両面で感じるなという禁止令を受けており、子どもの情動表現が過度に禁じられている。身体感覚と知性との解離を取り戻すために、薬物に依存してしまう。

交流においては、ストロークが重要で、ストロークは、言語的あるいは、非言語的ストローク、肯定的あるいは、否定的ストローク、条件つきあるいは、無条件のストロークに分類される。言語的ストロークは、言葉によって誉められたりする場合で、非言語的ストロークは、スキンシップのような肌のふれあいにもとづくストロークである。禁止令の場合は、否定的ストロークが、非言語的に無条件に与えられるメッセージである。これに対して拮抗禁止令は、肯定的ストロークが、言語的に条件つきで与えられるメッセージである。人は、肯定的なストロークが無条件に与えられると、変化し、成長してゆく。ストロークが与えられないと、人は次に述べるゲームを始めようとする。

四. 時間の構造化

時間の構造化は、この脚本がどのように展開されるかによって、「引きこもり」、「儀式」、「活動」、「気晴らし」、「ゲーム」、「親交」に分類される。引きこもりの場合は、外界との接触を避けている状態で、自閉、登校拒否などがその例である。儀式は、紋切型の行動で、天気の話をする場合のように、形式的である。活動は、外界に関わってゆく時間の使い方で、仕事や勉強、趣味や家事のように、する必要があること、せねばならないことを通しての時間の使い方である。気晴らしの場合は、非生産的な時間の使い方をいい、ゲームは、交差的裏面的交流に基づく時間の使い方である。ゲームの例として、「キック・ミー」、「ストッキング」、「シュレミール」、「ラポ」などが挙げられる。「キック・ミー」とは、規則違反を繰り返したり、失敗を繰り返したりすることによって、罰を受けたり、排除される立場に自分を追い込んでゆくゲームで、非行や遅刻常習は、これにあたる。「ストッキング」は、女性が男性に対して行うゲームで、性的に挑発的な服装や行為をして、相手を刺激し、トラブルにまきこんでゆく。「シュレミール」は、失敗を繰り返すたびに、相手に謝り、相手の許しを得ようとするゲームで、相手の忍耐力を試している。「ラポ」は、異性に対する根強い敵意に基づくゲームで、女性が男性を誘惑し、その後訴えて相手を社会的に葬ろうとすることを目的としている。ゲームは、自分が否定的な構えか、あるいは相手が否定的な構えであるかを確認しようとする動機に基づいており、自分または、相手に否定的な評価を下そうとする。ゲームをする人の基本的構えは、自己否定他者肯定型か、自己肯定他者否定型であり、ストロークを得ようとしているのである。親交は、交流分析が最も高く評価する人間関係で、人生観、道徳観、美意識などが一致し、意気投合した交流、知的探求について呼吸があった交流、感情的に一体感のある交流である。

五．ネガティブな人生脚本よ、さようなら

人生設計を行うにあたり、「自分を育てる自分（上位自我）」を作ることが重要である。それは、フロイトの精神分析においては、超自我であり、交流分析においては、親の心（P）である。自分の心の中にどのような親の心ができているのかを知るのに、エゴグラムが使用できる。自己肯定他者肯定型のエゴグラムパターンが示すように、適応型のパターンは、親の心（P）が子どもの心（C）より強いのである。逆に、自己否定他者否定型のエゴグラムパターンでは、子どもの心（C）の方が、親の心（P）より強いのである。これは、上位自我ができていないということであろう。上位自我を作るためには、親との同一視が重要である。親との同一視ができるためには、親からの肯定的ストロークが与えられている必要がある。自己肯定型のエゴグラムは、自由な子どもの心（FC）が順応した子どもの心（AC）よりも強い。逆に、自己否定型のエゴグラムは、ACの方がFCよりも強い。親からの肯定的ストロークは、FCをACより強くし、否定的ストロークは、ACをFCより強くしてゆくのではないかと考えられる。また、他者肯定型のエゴグラムは、母親の心（NP）の方が、父親の心（CP）よりも強い。逆に、他者否定型のエゴグラムは、CPの方がNPよりも強い。これより、他者肯定型になるためには、NPの方がCPより強い必要があると思われる。母親の影響が重要ということであろう。

親からストロークが与えられないと、子どもはストロークを求めようとする。ゲームはそのような行為の一種である。自分自身を振り返り、ゲームをしていないかどうかチェックすることも必要である。ゲームは、人生設計にとっては無用である。ゲームは、自己否定型の構えの人が起こす傾向があるので、自己肯定型に自分を変えられるような環境設定をする必要があろう。

ネガティブな人生脚本が、親からのメッセージという環境要因によって作られたように、ポジティブな人生脚本も環境要因によって作られてゆくのである。それには、肯定的ストロークを受ける必要があろう。自分に肯定的ストロークを与えるだけでなく、他人にも肯定的ストロークを与えてゆく環境設定が、他人が自分にも肯定的ストロークを与えてくれるのである。これは、自分の心の中に母親の心を育ててゆくことでもある。批判的な心である父親的な心よりも、保護的・養育的な心である母親的な心の方が強いことが、自己肯定他者肯定形に近づいてゆくのである。脚本分析では、禁止令を見出し、そして、人生の計画を自分の統制のもとに置くように決断をするのである。「ネガティブな人生脚本よ、さようなら」、である。

心のソフトウエアを知れ

7 性格の形成について

一．性格をタイプで分けるか、特性で分けるか

やさしい人、活動的な人、社交的な人、人を特性づけるものとして、性格がある。性格はどのようにして形成されてゆくのか。性格は、一生変わらないものなのであろうか。自分の性格が好きであるという人もいれば、嫌いであるという人もいる。性格には、遺伝的な要因によって規定されやすい部分と環境的な要因によって規定されやすい部分がある。遺伝的な要因によって規定される部分を特に「気質」と呼ぶ。気質は、性格の下部構造をなすもので、感情的特徴を表し、先天的に決定されるものと考えら

れる。これに対して、性格は、気質と環境によって形成される部分で、外部に現れる行動の特徴に重点が置かれ、意志的な側面を表したもので後天的に形成される。本章では、性格がどのようにして研究されてきたのか、性格はどのようにして規定されるのか、性格を変えるにはどうすればよいのか、性格のさまざまな面をとり扱ってゆく。性格を記述するとき、大きく二つの考え方がある。一つは、「類型論」という考え方で、人の性格を一つのタイプに当てはめてしまう場合である。例えば、分裂質であるとか、そううつ質であるといったタイプである。そうすると、分裂質の人は、内気、生真面目で、変わり者、従順で、お人よし、鈍感とかといったそのタイプの特性がつきまとう。しかしながら、分裂質であるからといって分裂質を特徴づける全ての特性が当てはまるとは限らない。また、全ての人が、必ずいずれかのタイプで表されるという保証もない。一つのタイプに見事に当てはまる人もいれば、二つのタイプの組み合わせで表される人もいるであろうし、いずれのタイプでも表されない人もいるであろう。類型論は、ヨーロッパで発達し、精神の全体性、統一性を強調するドイツ風の人間学、性格学の考え方が背景になっている。この類型論の考え方によって性格を分類するという考え方はかなり古く、クレッチマー（Kretschmer, E.）やシェルドン（Sheldon, R.）の類型論が有名で、最も古い類型論として、ガレヌス（Galenus, C.）の四気質説を挙げることができる。ガレヌスは、体液をもとにして人間の性格を黄胆汁質、多血質、粘液質、黒胆汁質の四気質に分類している。類型論のように類型というタイプによって人の性格を当てはめてしまうのではなく、特性の強さをもとにしたプロフィールによって性格を表そうという考えがある。「特性論」と呼ばれているが、全ての性格特性の強度によって個人の性格を表すので、類型論のようにどのタイプにも当てはまらないということはない。基本的に、人はいろいろな性格特性を有しており、その強度からくるプロフィールによって表され、基本的には内向的な人も外向的な部分を少しは有しているのである。特性論は、アメリカで発達し、分析的、帰納的な方法を用いて、行動の客観的測定をしていることが特徴である。特性論としては、ギルフォード（Guilford, J.P.）、キャッテル（Cattell, R.B.）、アイゼンク（Eysenck, H.J.）、オールポート（Allport, G.W.）による研究が有名である。例えば、ＹＧ性格検査は、ギルフォードの考え方に基づく性格検査である。そこで、まず、類型論に基づく性格類型として、クレッチマーとシェルドンの場合を考えてみよう。

二．クレッチマーの研究

クレッチマー（Kretschmer, E.）は、ドイツの精神医学者で、精神病患者の体格を研究し、表7−1のような結果を得た。表が示すように、統合失調症（精神分裂病）の人は、細長型の人が多く、そううつ病の人は、肥満型の人が多い。そして、これをさらに発展させ、精神病患者の性格をもとに正常人の性格の分類を考えた。統合失調症、そううつ病患者の発病前の性格、患者と血縁関係にある人の性格には、一定の特徴があることに気づいた。そして、統合失調症患者のような性格を「分裂質」、そううつ

表7-1　精神病と体格の関係（Kretschmer）

	細長型	肥満型	闘士型	発育異常型	その他
分裂病	50.3	13.6	16.9	10.5	8.6
そううつ病	19.2	64.6	6.7	1.1	8.4
てんかん	25.1	5.5	28.9	29.5	11.0

病患者のような性格を「そううつ質」、てんかん患者のような性格を「粘着質」とした。

分裂質の性格は、非社交的で、自分だけの世界に逃避し、閉じこもろうとする傾向がある。人との交際も表面的で、あまり深く関わろうとはしない。外面と内面があり、外面から内面を推測することが難しく、理解しにくい面がある。内気、生真面目で、変わり者、神経質で気が小さく、恥ずかしがり、興奮性がある。また、従順で、お人よし、鈍感という面もある。そううつ質の性格は、社交的で、そのときの周囲の雰囲気に溶け込むことができる。共感性が豊かで、抑制が少ない。物の感じ方が自然で、そのまま外面に現れるので、何を考え、何を感じているかがわかりやすい。親切、善良で、温和、陽気で、活発、ユーモアがあり、熱烈という性格の反面、陰気で物静か、不活発で、気が弱いという面ももつ。粘着質の性格は、几帳面で、秩序を好み、精神的テンポが遅く、まわりくどいという面をもつ。また、興奮すると夢中になり、怒りやすいという面ももつ。粘り強く、やり始めたことは最後までやり通す。クレッチマーの三類型に、さらにデルマとボル（Delmas, A. & Boll, M.）による体質性精神異常の分類に基づく三類型（偏執質、ヒステリー性格、神経質）を加えた六類型に基づく性格調査表（宮城、一九六〇）がある。偏執質は、

表7-2　大学生63名を対象とした性格調査の結果

（カッコ内の数字は，左は男，右は女の場合を示す）

	分裂質	そううつ質	粘着質	偏執質	ヒステリー性格	神経質
平均	42.0 （41.4，42.3）	46.5 （43.3，48.3）	43.7 （41.1，45.3）	48.0 （46.7，48.7）	40.6 （39.5，41.2）	48.2 （47.6，48.6）
標準偏差	14.1	10.9	11.4	12.5	13.4	16.2
最大値	71	64	68	82	64	74
最小値	11	17	14	19	13	11

パラノイアのような性格を表し、自信満々で自我が強い。事がうまくゆかない場合は、それを自分の無力のためではなく、他人に妨害されたためだと考える傾向が強い。また、不屈な精神をもち、他人をとことんまで攻撃する。ヒステリー性格は、ヒステリーのような性格をもっていて、虚栄心が高く、他人のいうことを聞かず、自己中心的である。また、暗示されやすいという特徴をもつ。神経質は、精神衰弱になりやすい性格であり、何をやっても十分だという感じがせず、劣等感に支配され、小心で、控えめである。この性格調査表を用いて、試みに大学生を対象（男二三名、女四〇名）に性格検査を行ってみた。性格調査表では、六つの類型の各々に関して、一〇項目の質問が用意され、それに当てはまるか、当てはまらないかの回答をもとに、各特性の得点を算出するものであるが、筆者の場合は、各項目にどれくらい当てはまるかをパーセンテージで回答してもらった。そして、それをもとに、各性格得点を算出した。結果は、表7－2に示される。表7－2より、そううつ質、偏執質、神経質の得点が、相対的に高いことが伺える。特に、女性の場合が得点が高い。

三、シェルドンの研究

シェルドン（Sheldon, R.）は、正常人を対象にして体格と性格の関係を分析した。一八歳から二一歳の男子学生四〇〇〇人の身体の写真を前、横、後ろから撮影し、それをもとに、体格が内胚葉型、中胚葉型、外胚葉型であるか七段階評定をした。そして、文献から六五〇個の気質特性を集め、五〇項目の気質特性表を作成した。これをもとに三三名の青年を一年間観察し、二〇回面接して、五〇項目について七段階評定をした。そして、相関分析によって、内臓緊張型、身体緊張型、頭脳緊張型という三つの気質因子を抽出した。そして、体格と気質との間の関係を相関分析し、内胚葉型と内臓緊張型、中胚葉型と身体緊張型、外胚葉型と頭脳緊張型との間に高い正の相関関係を見出した（順に、相関係数＝〇・七九、〇・八二、〇・八三）。内胚葉型は、消化器系統がよく発達した、柔らかで、丸い肥満型の体格を意味し、中胚葉型は、骨や筋肉がよく発達した、直線的で重量感のある体格、外胚葉型は、感覚器官、皮膚組織がよく発達した、細長く貧弱な体格を意味する。そして、内臓緊張型は、くつろぎや安楽を好む。食べることを楽しみ、人の愛情を求めるタイプを表す。身体緊張型は、大胆で活動的、自己を主張し、精力的に活動するタイプ、頭脳緊張型は、控えめで過敏、人の注意を引くことを避ける。安眠できず疲労感をもつタイプを表す。

四．ＹＧ性格検査（矢田部・ギルフォード性格検査）

これに対して、ギルフォードの考えに基づくＹＧ性格検査においては、一二〇項目の性格特性を因子分析して、一二尺度を作成し、その一二尺度のプロフィールから性格を表現してゆく。一二尺度は、抑うつ性（たびたび憂うつになるなどの、陰気な悲観的性質）、気分の変化（気が変わりやすい、感情的であるなどの情緒の不安定性）、劣等感（劣等感に悩まされる、自信がないなどの性質）、神経質（神経質、心配症、いらいらするなどの性質）、主観的（ありそうもないことを空想する、寝つかれないなどの空想性と過敏性）、非協調的（不満が多い、人を信用しないなどの不満性と不信性）、攻撃的（気が短い、人の意見を聞きたがらないなどの攻撃的性質）、活動的（仕事が速い、動作がきびきびしている）、のんき（人と一緒にはしゃぐ、いつも何か刺激を求めるなどの気軽な、のんきな、衝動的性質）、思考的外向（深く物事を考える傾向、たびたび考え込むくせがあるなどによって表される思索的傾向）、支配性（会やグループのために働く、リーダーシップのある性質）、社会的外向（人との交際を好む、人と話をするのが好きであるなどの社会的接触を好む傾向）から成り立っている。ＹＧ性格検査における代表的なプロフィールとして、平均型（Ａ型　全体的調和がとれていて、臨床的には特に問題がない）、不安定積極型（Ｂ型　情緒不安定、社会的不適応、活動的、性格の不均衡が外に出やすい）、安定消極型（C型　おとなしい、消極的だが、安定していて、内向的）、安定積極型（D型　情緒が安定しており、社会適応もよく、活動的で対人関係もよい）、不安定消極型（E型　情緒不安定、社会的不適応、非活動的、内向的、神経症的傾向がある）が挙げられる。

五．性格形成における遺伝的因子と環境的因子

性格が遺伝的な要因によって決まるのか、環境的要因によって決まるのかに関し、双生児研究によっていくつかのことが見出されている。双生児には、遺伝的性質が全く同じである一卵性双生児と遺伝的性質は完全には同じでない二卵性双生児が存在する。これらの双生児の性格を調べることによって、性格のどのような要素が遺伝の影響を受けるのか、環境の影響を受けるのかを知ることが可能になる。例えば、ある性格特性に関して一卵性双生児の類似度と二卵性双生児の類似度を比較した場合、一卵性双生児の場合には、その性格特性が一致しているのに、二卵性双生児の場合には、一致していないならば、その性格特性は、遺伝的要素に影響されていることが考えられる。同様に、一卵性双生児の場合も二卵性双生児の場合もともに一致している場合は、その性格特性は、環境的要素に影響されていると考えることができる。また、一卵性双生児のうち、何らかの事情で、生後別れて異なった環境で育った双生児の性格を比較することによって、似ている部分は、遺伝的要素、似ていない部分は環境的要素の影響と

考えることができる。このような双生児研究によって、感情の高揚のしやすさ、身体や表情の動き、落ち着き、控えめ、物静か、快活さのような特性は、遺伝的影響を受けやすく、思ったことの主張、人に接する態度、教科の好き嫌いなどの性格特性は、環境的要素によって影響を受けやすいことが見出された。

環境的要因の中では、特に親の養育態度が重要である。サイモンズ（Symonds, 1937）は、親の養育態度を支配―服従の次元と拒否―保護の次元をもとにして、支配型、保護型、服従型、拒否型、かまいすぎ型（支配・保護型）、甘やかし型（服従・保護型）、無視型（服従・拒否型）、残忍型（支配・拒否型）の八つのタイプに分類し、各養育態度のもとでの子どもの性格特性を分析した。その結果、支配型の場合は、子どもは、服従的で、消極的、自発性がないという特徴、かまいすぎ型の場合は、幼児的、依存的、嫉妬心があり、神経質という特徴、保護型の場合は、感情安定、思慮的、親切、神経質でないという特徴、甘やかし型の場合は、独立的、反抗的な特徴、服従型の場合は、不従順、無責任、不注意、乱暴という特徴、無視型の場合は、攻撃的、拒否型の場合は、反社会的、神経質、落ち着きがなく、注意を引こうとする特徴、残忍型の場合は、逃避的、神経質、強情、サディズム的という特徴が見られた。

同様に、ラドケ（Radke, 1946）は、親の養育態度、家庭の雰囲気などと、子どもの性格との間の研究を行い、①民主的な家庭で育つと、専制的な家庭の場合よりも、思いやり、協調性が育ち、情緒も安定すること、②自由な家庭の方が、束縛の強い家庭よりも競争心が少なく、友人間の人気が高い、③両親が平等にしつけをしているときは、子どもの性格に指導的な傾向が見られることを見出した。

子どもは、三歳までは、親子の信頼関係の確立、七歳までは自分らしさの確立が必要で、家庭における父親と母親の役割について考えると、父親の役割は、子どもが男児の場合は、男性像のよきモデルとなること、女児の場合は、異性像としてのよきモデルになることである。また、娘が母親から独立できるように援助してあげることである。父親から愛されないと、女性らしさの獲得ができず、結婚してから、父親に対する敵意や憎しみを夫に転嫁したりする。また、依存性に基礎をおく愛情に落ち込んでゆく。父親の存在は、個の確立にとって重要なのである。父親が心理的に不在の場合は、男児の場合は、男性像としてのよきモデルがなく、自我の発達に影響を与える。これに対して、母親の役割は、母子一体感で、どんなときにでも全てを包み込んでくれる安全基地としての役割である。そして、女児には、将来の女性像としてのよきモデルであり、男児にとっては、異性像のよきモデルである。母親との間の一体感は、子どもが小さいときは重要であるが、いつかは母親から離れていく。そのときに父親が重要な働きをするのである。母子分離がうまくゆかないと、自我の発達に影響を与えることになる。

ハーロー（Harlow, 1979）は、生まれたてのアカゲザルの子を用いて、母親の存在がサルの子にどのような影響を与えるかに関して研究を行った。生まれたての子ザルを母親から離して、母親代理とともに育てた。母親代理は、二種類存在し、一つは、ハードマザーと呼ばれるもので、針金を筒状にして頭らしきものをつけたもの、もう一つはソフトマザーと呼ばれるもので、同じ針金の胴体に柔らかい布きれをかぶせたものである。両者の違いは、サルが抱きついたときに、肌触りがよいか否かである。子ザルは、二種類の母親代理と同居し、一方の子ザルは、ソフトマザーの胸にある哺乳ビンからミルクを飲み、もう一方の子ザルは、ソフトマザーからミルクを飲んだ。結果として、どちらの母親代理から授乳されるかに関わらず、子ザルは、ソフトマザーに抱きつく時間が長かったのである。また、子ザルが母親代理から離れているときに、太鼓を叩いて動き回るクマのおもちゃを置くと、子ザルは驚いて、ソフトマザーにしがみつき、ハードマザーのところへは行かないのである。そして、後に母親代理から離れて、クマのおもちゃの方に近づくこともできるようになった。しかし、他の実験でハードマザーとだけで同居させた実験では、子ザルが脅威を感じたときは、おりの隅に身を寄せるような行動をとった。ハーローのこの実験より、肌触りのよさ（しがみつきやすさ）が、アタッチメント（愛着）の形成に重要であることを物語る。人間の子どもの場合も同様で、母親が安全基地になることが子どもの探索行動を促すのである。

乳幼児期における親子関係の重要性を訴えたものにホスピタリズム研究がある。両親から離れて乳児院、孤児院、病院などで過ごす乳児の死亡率が高いということから始まったホスピタリズム研究は、知的発達遅滞、情緒的人格障害にまで影響を与えることが見出され、イギリスの精神分析学者であるボウルビィ（Bowlby. J.）は、「乳幼児と母親との人間関係が親密かつ継続的で、しかも両者が満足と幸福感に満たされるような状態が乳幼児の性格発達や精神衛生の基礎である」と述べ、施設児には、このような母子関係が存在しないところに問題があるとし、マターナルデプリベーションという概念で施設児の障害を説明した。ボウルビィは、子どもが健全に人格を発達させるためには、乳幼児期のうちに、特定の対象との間に情愛的な心の結びつき（アタッチメント）を経験しなければならないと考えた。子どもは、生後六、七ヶ月ころになると、母親と他の人々を弁別し、母親に対して「この人は、自分を守ってくれる人だ。この人といれば安心だ。」といった特別の感情を抱くようになる。これがアタッチメントで、アタッチメントの形成によって、それを土台にして、父親、祖父母、近所の人々へと愛着の対象を広げてゆくのである。安定したアタッチメントの形成のためには、相互交渉の量が一定以上あること、子どもの発するシグナルに適切に応答すること、子どもとの相互交渉を喜びをもってすることなどが挙げられる。

子どもの性格形成には、就寝形態も影響を与える。就寝形態と子ども（三歳児）の自律性と情緒安定性を調べた研究（篠田他、一九八五）によると、父、母、子どもが、同じ部屋に寝て、母親が真中に寝る場合（M中央型）では、自律度が高く、情緒が安定した子どもとなり、子どもが中央に寝る場合（C中央型）では、情緒は安定するが、自律度は低く、父親が別の部屋に寝る場合（F独立型）では、自律度が低く、情緒が不安定になり、子どもが別の部屋に寝る場合（C独立型）では、自律度は高いが、情緒は不安定になるという結果が見出されている。また、文化も性格形成に影響を与える。アメリカの人類学者であるミード（Mead, M.）は、ニューギニアにおける三種類の種族を調査した。アラペッシュ族は、狩猟と農耕を行う種族で、男女とも温和で子どものときから他人と争ってはいけないと教えられて育っている。この種族では、成人男女の間に性格的な違いはなく、ともに女性的で、成人男性でも他人と口論すればすぐに泣き出してしまう。ムンドゥグモール族は、女性が農耕と漁業を行い、男性は首狩を行っている種族である。子どものときから、男女とも勇敢で闘争的になるようにしつけられており、その結果、男女とも男性的な性格である。チャンブリ族は、女性が生業の漁業を行い、男性はかご編みのような手芸的仕事を家の中で行っており、女性が経済的実権を握っている。ここでは、男性は女性に依存するために、劣等感を抱き、傷つけられやすい。男女の性格は逆になっている。これらの事実は、男性的性格、女性的性格が環境的な要因によって形成されることを物語る。さらに、性格形成には、物理的環境も影響を与える。その一つが高層住宅に住む子どもの性格特徴である。高層住宅に住む子どもは、外遊びが少なく、室内での母親との接触が多くなり母親依存が強くなりやすいという問題点が指摘されている。筆者（渡辺、一九九八）が住まいの基本的条件（日当たりのよさ、風通しのよさ）と性格との間の関係をYG性格検査を用いて調べ、日当たり条件と性別の二元配置法によって各特性別に統計的検定を行ったところ、日当たりと性別間に交互作用はなく、男女とも抑うつ性、神経質、主観性、活動性において、五％水準で有意差があり、日当たりが悪いと、抑うつ性、神経質、主観性が高まり、活動性が弱まることが見出された。風通しに関しても、同様に分析をすると、主観性に関しては、風通しと性別の間に交互作用があり、男性の場合は、風通しが悪いと、主観性が高まるが、女性の場合は、主観性が低くなることが見出された。その他の特性に関しては、男女とも風通しが悪いと、抑うつ性が高まり、活動性が弱まることが見出された。さらに、家の広さ、庭の広さ、高層マンション等の影響も調べたところ、家が狭いと、非強調的になり、庭が広いと、思考的外向性が高まることが見出された。そして、高層マンションの七階以上に住んでいる人は、男の場合のんきさが高まるが、女の場合は、弱まることが見出された。このように、性格は、社会的環境だけでなく、物理的環境によっても影響を受けるのである。

六、心のソフトウエアを知れ

このように考えると、性格はかなり環境の影響を受けていることが伺える。自分の性格を見つめてみて、それが遺伝的要素で変えにくいものであるのか、環境的要素で変えることが可能であるのかを考えてみる必要があろう。性格を変えることが可能であり、それが自分の人生設計においても必要であるならば、適切な環境設定によって性格を変えることがよいであろう。逆に、遺伝的な要素が強いならば、そのような性格にあった人生設計を考えるのも一つの方法である。アドラーが主張するように、与えられた資質をどのように使用するかということが重要なのである。例えば、山田（一九八六）によれば、分裂質の人は、思考性や孤独性に重きをおいた仕事（企画、調査研究）が適職であり、そううつ質の人は、人と交流しながら、実際的な事をするような仕事（営業、販売）、粘着質であれば、几帳面であるので、検査や審査をするような仕事、ヒステリー性格であれば、勝ち気型の性格であるので、リーダーとして人を引っ張ってゆく仕事、神経質の人は、弱気であるので、緊張しない仕事、現状を保持するような仕事が適職である。自我の発達において重要な要素として、自己受容がある。自分のよい面だけではなく、悪い面も自分の心の中に受け入れてゆくことが重要なのである。そして、他人のよい面だけでなく、悪い面も受け入れてゆく、他者受容も自我の発達における重要な要素である。

8 認知の発達について

身体知と言語知を獲得せよ

一．ピアジェの発生的認識論

私たちは、生まれたときから、外界のことについて知っていたわけではない。学校があってそこで勉強することや、犬という動物がいてワンワン吠えることを最初から知っていたのではない。私たちは、このような知識をどのようにして獲得したのであろうか。この知識獲得の過程についての研究では、まず、ピアジェ（Piaget, J.）の発生的認識論を挙げることができるであろう。ピアジェは、知識構造のことを「シェマ」と呼び、このシェマは、「同化」と「調節」によって発達してゆくと考えた。同化とは、既存のシェマを外界に適用し、外界の事物をそのシェマの中に取り込む作用のことで、シェマを胃に例えると、外界から入ってくる食物を胃というシェマで消化することである。生まれたばかりの赤ん坊の胃は、外界の全ての食べ物を受け入れられるわけではない。生まれたときからステーキを食べる赤ん坊はいない。赤ん坊には、ステーキを消化できる胃はまだ準備されていないのである。そうすると、赤ん坊が食べられそうな食べ物をとりあえず与えることになる。知識構造も同じで、その人が既にもっている知識構造で、理解、すなわち、消化できる外界の情報と理解できない外界の情報がある。そのようなとき、知識構造であるシェマを変化させる必要がある。これが調節で、調節は、同化できないとき、既存のシェマの構造を変化させる作用である。私たちは、この同化と調節を繰り返しながら、自分の知識構造を発達させてゆくのである。この知識構造を発達的にみたのが、ピアジェの発生的認識論である。ピアジェは、知識、すなわち、認知の発達段階を「感覚運動期」、「前操作期」、「具体的操作期」、「形式的操作期」の四段階に分類した。感覚運動期は、年齢的には、〇歳から二歳ころまでの発達段階で、この時期には、感覚と運動の共応によって、外界の事物をシェマの中に取り込んでゆく。目に見えたものに手を伸ばす、音が聞こえた方を向くというように、目や耳という感覚器官によって得られた情報の方に、手を伸ばす、あるいは、向くといった運動を行うのが、感覚と運動の共応である。「感覚運動期」は、さらに、生得的反射の時期と循環反応の時期に細分される。生得的反射の時期は、生まれてから一ヶ月までの時期で、この段階の乳児は、生得的な反射によって、知識を得てゆく。生得的反射には、

「乳探し反射」、「吸啜反射」、「モロー反射」、「バビンスキー反射」が挙げられる。生まれたばかりの乳児が、母親の乳首を探し乳を飲む行動は、生得的に備わっていて、母親が乳首のそばに乳児の口をもってくると、乳児は、反射的に乳首を吸い、乳を体内に吸収してゆくのである。どのように吸えばよいのかを生得的に教えられているのである。あお向けに寝ている乳児の足をもって身体をもち上げたりすると、乳児は、背を弓状に曲げ、頭をそらし、両腕を広げ、ゆっくり抱きつくような行動をとる。これをモロー反射という。また、足の裏を柔らかいものでなでるとき、足指を扇のように広げる。これをバビンスキー反射と呼ぶ。この反射の時期の生得的反射に基づく知識構造を、ピアジェは「動作シェマ」と呼んだ。そして、生後一ヵ月から四ヶ月を「第一次循環反応の段階」と呼ぶ。循環反応とは、目で見て、そしてそれを取ろうとする運動の繰り返しによって知識を発達させる時期で、最初の第一次循環反応の段階の乳児は、自分の身体に興味をもつ時期である。手を見つめたり、足の先を見つめたりする。どこまでが自分の体であるのか、乳児なりに調べているのである。このころのシェマを「第一次シェマ」と呼んだ。また、言葉に関しては、二、三ヶ月ころから言葉にならないような言葉の前段階である喃語を使い始める。生後四ヶ月から一歳ころまでの段階を「第二次循環反応の段階」と呼び、このころになると、乳児は外部の対象に興味をもち始める。自分の周りに何かが見えると、手を伸ばそうとする。これを「手伸ばし行動」と呼ぶ。そして、七、八ヶ月になると、一語言葉が始まる。すなわち、一語ではあるが、意味のある言葉を使用するようになる。このころのシェマが「第二次シェマ」である。一歳から二歳ころまでを「第三次循環反応の段階」と呼び、この段階では、目と手の共応が、意図的に調整される。そばにあるものにも速く近づけるようになったり、動作が合理的になる。そして、新しい手段も発見してゆく。この段階でシェマの内面化が起こる。次の二歳から七歳ころまでの発達段階を「前操作期」と呼び、感覚運動に代わって言葉が外界への働きかけの手段となってくる。前操作期における特徴は、言語の獲得によって、言葉とイメージの両方によって思考が可能になるということである。しかしながら、思考はまだ論理的ではなく、直観に頼ることが多い。すなわち、対象を認識する際に、自分の目についた部分にのみ、注目し、他の部分を無視しがちである。その際に、知覚的にめだった特徴に左右されやすい。よって、数の保存や量の保存ができていない。次の段階である「具体的操作期」（七歳から一一歳ころ）になると、具体的対象にだけ、論理的操作が可能になる。また、保存の概念が成立し、八歳ころには、数および量の保存ができるようになり、一〇歳ころには、重さの保存もできてくる。さらに、帰納的推論も可能になる。帰納的推論とは、さまざまな特殊な事例をもとにして、それに共通する性質を抽出してゆく機能で、いろいろな犬を見ることによって、犬という動物の性質を知ってゆく機能である。これは、概念の形成が可能になってくるということを意味する。「形式的操作期」（一一歳から一五歳ころ）になると、推論も演繹的推論になり、三段論法のような推理や組み合わせ思考が可能となる。また、仮想的な対象に対しても論理操作が可能になり、目の前に対象がなくてもイメージをもとにその論理的操作ができるようになるのである。ピアジェの理論の特徴は、認知の発達段階の出現順序が一定で、前段階の知識構造は次の段階の知識構造に統合されてゆくことである。また、各段階は全体構造をなし、発達は、段階内においては一様であると考えている。しかし、あまり個人差に関しては考慮されていない。

二．ヴィゴツキーの最近接領域説とコールの文化的文脈理論

ヴィゴツキー（Vygotsky, L.S.）は、人間の認知機能は大人との社会的相互交渉を通して行われ、それが次第に個人の中で行われるようになると考えた。そして、認知発達における言語機能を重視し、教育が認知の発達を促進すると考えた。そして、認知発達の段階を、①文化的行為・活動の段階、②精神間機能の段階、③精神内機能の段階に分類した。第一段階は、直接に対象に働きかけることによって、認知の発達が行われる段階である。精神間機能の段階では、大人とのコミュニケーションを通して、大人や集団の手助けによって発達し、精神内機能の段階では、個人が独力で内的に行える。精神内機能は、精神間機能の内面化によって作られてゆくのである。発達水準には、子どもが独力で解決可能な水準と大人あるいは集団の援助によって解決可能なレベル（最近接領域）があり、この最近接領域に働きかけることによって、子どもの認知は発達するのである。教育は、発達に依存しながらも、常に先導的な役割を果たし、発達の前にあって発達を促し、発達を引き起こすと考えた。認知発達とは、本来社会的な

ものて、それが次第に個人的なものへと内面化してゆく過程であると考えたのである。また、コミュニケーションには、言語が重要な役割を果たし、思考の手段となる。言語には、伝達の機能としての外言と、思考の機能としての内言があるが、言語は、内言として思考の重要な手段であると考えているのである。

コール（Cole, M.）は、認知の発達は文脈依存的であり、特定の領域が発達する可能性があることを指摘し、認知発達の領域固有性を主張している。認知の発達は、個人がどのような文化圏にいるかによっても異なり、例えば、狩猟民族の子どもは農耕民族の子どもよりも空間概念が発達するのに、保存概念に関しては、農耕民族の子どもの方がよく発達するという。これは、住んでいる環境という文脈が、子どもの認知発達に影響を与えるということである。認知の発達は、生活条件に深く関わり、生活条件に関連した特定の領域が発達するのである。

三　認知の発達における成熟優位説と環境優位説

認知の発達における成熟説とは、あるレベルの内容を教えるには、そのレベルの内容を理解することができる段階まで発達しないと教えても効果的ではないと考える立場で、学習や訓練を効果的にする適切な成熟状態を「レディネス」と呼ぶ。このレディネスが、成熟によってのみ発達してゆくのか、あるいは、環境によって操作可能かによって「成熟優位説」あるいは、「環境優位説」にわかれてゆく。ゲゼル（Gesell, A.）は、認知の発達は、生得的な種特有の解剖学的・生理学的な内部要因によって規定され、文化や教育のような外部要因は、認知の発達に本質的な変化をもたらさないと考えている。よって、教育は、発達段階に合わせて行われるのが効果的で、発達を待って行われるべきであると考える。例えば、読みのレディネスは、年齢が六歳半ころ獲得されるので、それまでの言語学習は、行っても無駄ということを意味する。レディネスが、認知の発達の主要な要因で、レディネスの発達は、生得的に備わっていて、発達の全ての側面に適用され、認知の発達は、レディネスの法則に従って時間の経過につれて発現してゆく。しかしながら、この考えでは、施設に育った子どもにみられるホスピタリズムや、野生児にみられる認知の発達（ことばの発達や社会的成熟）の遅れを説明することが難しくなる。このゲゼルの考えを成熟優位説と呼ぶが、これに対して、ワトソン（Watson, J.B.）は、認知の発達は環境の設定の仕方によって大きく左右され、環境優位説を唱えた。ワトソンは生得的な要因はあまり重要ではなく、生まれたときから効果的な環境設定（学習）を行えば、どのようにでも認知機能は発達してゆくと考えた。

生得的な要因には、遺伝的な素質も含まれる。遺伝的な素質が全くない場合でも、認知機能は発達してゆくのであろうか。ヘイズ夫妻は、自分の子どもと同様に生後四ヶ月のメスのチンパンジーの赤ん坊を育て、人間とチンパンジーでは、認知の発達にどのような違いがあるのかを研究した。すると、一歳八ヶ月では、チンパンジーの知能は人間の子どもとほぼ同じで、叱られれば禁じられた行為をやめるし、服を着たり、自分で顔を洗うこともできた。しかし、三歳になると、人間の子どもとチンパンジーでは、違いが生じることが見出された。人間の認知機能が急速に発達してゆくのである。この大きな原因が言語の発達である。チンパンジーは、遺伝的に人間のような言語機能を有していないので、人間と同じように育てても認知の発達には限界があるのである。この意味で、生得的な要因を完全に無視するというわけにはいかないであろう。この両者の考え方の間に位置するのが、上述したピアジェやヴィゴツキーやコールの考え方である。ピアジェは、認知の発達は、個人と環境との相互交渉の過程で作り出されてゆくという立場に立ち、内的な要因の成長とともに外的環境の効果を考慮している。しかし、ピアジェの理論における各発達段階は、全体構造をなしていると考えられているので、基本的には、その一部が環境によって急速に発達するとは考えていないように思われる。しかしながら、子どもの中には、言語能力が主として非常に発達している子どももいれば、数学能力が主として発達している子どもも実在する。これらは、一部の認知機能が他の認知機能とは異なったレベルで発達する可能性があることを示している。ヴィゴツキーやコールの理論においては、かなり環境が重視されている。ワトソンの場合は、学習の仕方が重要な要因であるが、ヴィゴツキーの場合は、言語の発達が認知の発達の中でも思考の発達に重要な役割を果たし、言語が子どもの知性の発達を促し、抽象的思考を可能にすると考えている。言語が思考に及ぼす影響に関しては、言語が思考を決定するという言語相対仮説（サピア・ウォーフ仮説）が知られているが、言語は思考を円滑にする機能はあっても、言語を磨くことによって思考能力が発達するかどうかは、別問題であろう。ピアジェは、言語の獲得は思考の発達に依存した形で経過し、論理的な思考は、思考と言語が結びつく形式的操作期になって行えるようになると考えた。

四．認知の発達を促す環境

認知が発達するためには、レディネスのようなある種の準備状態が必要であることが伺える。ヴィゴツキーの場合であれば、独力で解決できる水準がこれに相当すると思われる。では、このレディネスが発達するためには、どうすればよいのであろうか。レディネスのレディネスが必要となるのであろう。すなわち、ある認知機能が発達するためには、その発達のために必要とされる機能が少しずつ準備されてくるのだと考えればよいであろう。それは、ちょうど、言葉が話せるようになる前には、一語言葉があり、その前には喃語があるように、全ての認知機能の領域に、それぞれの準備段階があると考えられよう。そうすると、ある認知機能を早く発達させるためには、その機能の発達のために必要な要素を準備しておくことが重要となる。一〇歳で高校の数学ができるようになるためには、それより前に中学生レベルの数学、小学生レベルの算数の習得が終了している必要がある。それがうまく設定できれば、一〇歳で高校の数学を理解することも可能となろう。このときに大きく関わるのが、生物学なレベルの発達であろう。特に、脳の発達が重要であろう。例えば、記憶の機能を考えると、記憶は、脳の神経細胞が大きな役割を果たしている。特に、神経細胞の中でも有髄神経細胞である。有髄神経細胞が多くあることが、脳の記憶のネットワークをより密なものにし、記憶機能を促進させる。よって、まだ有髄神経細胞が十分に発達していない場合には、その発達を待つ必要があろう。ゲゼルのいうレディネスとは、このような生物学的な要素の場合には、妥当性が高いと思われる。例えていうならば、まだ歩けないのに走る訓練をするようなもので、十分に歩けるようになってから走る訓練をすればよいのである。ただ、考慮しなければならない問題として、脳の発達も環境の影響を受けるということである。乳幼児の時に、知的刺激を十分与えられた場合とあまり与えられない場合では、脳の発達に違いが現れるということである。そして、ある時期までに脳に適切な刺激が与えられないと、その部分の脳は発達が遅れてしまうということである。

五、身体知と言語知を獲得せよ

ピアジェの理論に示されるように、認知の発達は、感覚運動のレベルから具体的操作のレベルを経過して、抽象的な思考ができるようになる。抽象的な思考の背景には、高度な知識構造が存在する。これは、強靭な胃であり、胃が強靭であるほど、いろいろなものを消化できる。高度な知識構造は、身体を動かすことを通して獲得した知識（身体知）が基盤にあり、その後に言語を通して獲得した知識（言語知）が加えられることによって形成されている。例えるならば、身体知は、骨格であり、言語知は、肉である。骨格がしっかり形成されてこそ、その上に肉がついてゆくのである。よって、知識構造の形成には、骨格の部分である身体知を十分に発達させることが重要である。本を読むことによって得られる知識は言語知であり、五感を通して得られる知識は、身体知である。新しいことを学ぶとき、言語からだけではなく、五感を使用して学ぶことも重要なのである。

言語と思考の関係については、古くから論じられている。ヴィゴツキーは、言語が子どもの知的発達において中心的な役割を果たすと考えている。言語は、社会的な接触を通じて獲得され、それが内言として重要な役割を果たすと考える。また、サピア（Sapir, E.）とウォーフ（Whorf, B.L.）は、思考は、言語体系によって左右されるとする言語相対仮説（サピア・ウォーフ仮説）を提唱している。

思考は、問題解決の仕方によって、「再生的思考」と「生産的思考」に分類される。再生的思考は、問題が与えられたときに、自分の知識を当てはめるだけで問題を解決しようとする思考である。これに対して、生産的思考は、今までの知識を当てはめるだけでは問題解決ができないような場合に用いる思考で、新しい方法を発見して問題を解決してゆく。

また、思考は、「収束的思考」と「拡散的思考」にも分類される。収束的思考は、一つのことを深く掘り下げてゆく思考であるのに対し、拡散的思考は、さまざまな角度から問題解決の手がかりを得ようとする思考である。さらに、思考は、「視覚的思考」と「言語的思考」にも分類される。言語に基づく思考は、言語的思考であり、再生的思考であり、収束的思考である。これらは、言語知に基づく思考である。これに対して、視覚的思考、生産的思考、拡散的思考は、イメージに基づく思考であり、身体知に基づく思考である。言語的思考は、たくさんの知識を集めようとするときに利用する知識吸収型の思考であり、視覚的思考は、新しい問題が出てきたときに、問題解決の糸口を探すために、さまざまな角度から解決策を探そうとするときに利用する問題発見・解決型の思考である。いずれの思考も重要なのである。

9 記憶のメカニズム

知識構造を体制化せよ

一．記憶の現象

私たちは、常日頃から物事を記憶するという活動をしている。そこで、記憶するとはどういうことか、どうすれば記憶しやすいのか、記憶のメカニズムを考えてみる。記憶のプロセスは、「記銘」、「保持」、「想起」の三段階で生じる。「記銘」は、学習の段階、「保持」は、覚えたものを維持する段階、「想起」は覚えたものを思い出す段階である。記憶で重要なことは、どのようにすれば、長期的に保持したい情報を保持できるか、そして、どのようにすれば、保持した情報を簡単に想起できるかという問題であろう。場合によっては、どうすれば、早く忘れることができるかということも重要であろう。そこで、まず、記憶のメカニズムをいくつかの視点から見てみよう。記憶の研究は古くはエビングハウス（Ebbinghaus, 1885）の研究にさかのぼる。エビングハウスは、自分自身を被験者として一三音節八系列から成る無意味つづりを二回間違いなく暗唱できるまで学習し、その所要時間を秒単位で記録した。そして、一定の時間間隔の後に、再び同じ無意味つづりを同様に学習し、所要時間を記録した。第一学習と再学習の時間間隔は、一九分、六三分、五二五分（八・七五時間）、一日、二日、六日、三一日の七種類であった。そして、第一学習の所要時間と再学習の所要時間の差を第一学習の所要時間で割ったものをパーセントで表し、節約率とした。図9－1は、再学習までの時間間隔を横軸、節約率を縦軸にした場合の記憶の忘却曲線を示す。この節約率が小さいほど、忘却が大きいことを意味している。図9－1より、最初の二〇分で約四〇%、そして、最初の一日で約六五%の忘却が起こっていることが伺える。

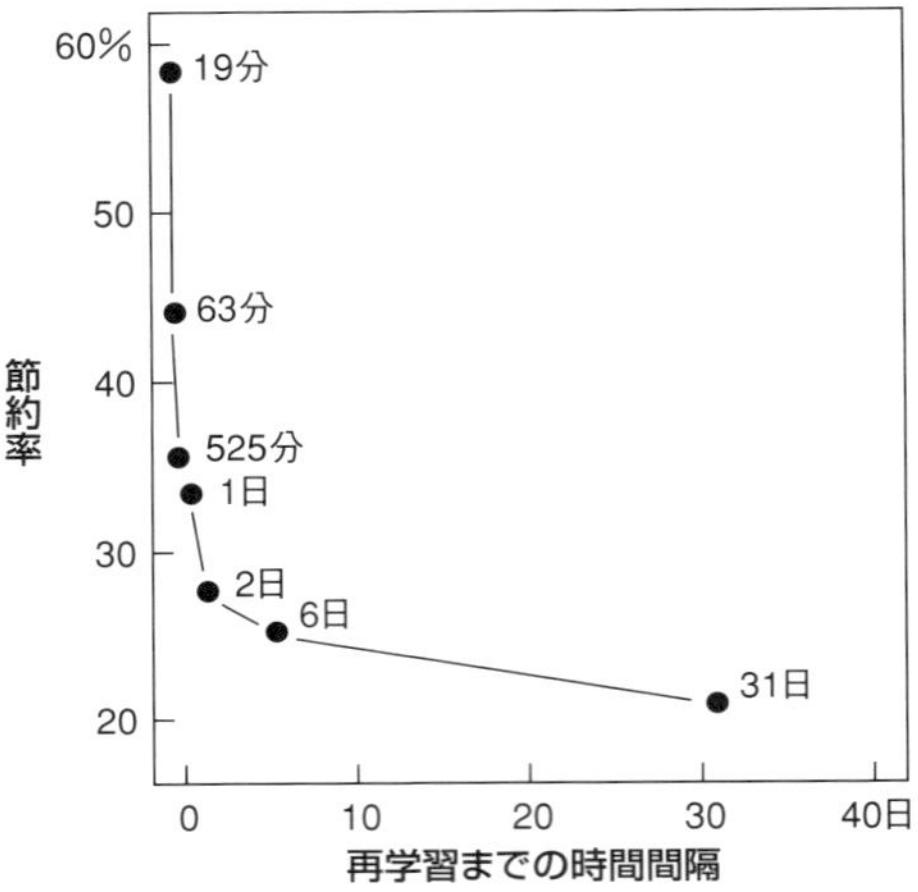

図9-1　エビングハウスの忘却曲線（Ebbinghaus, 1885）

では、次に、いくつかの単語を一つずつ、口頭で被験者に提示して、その後、提示順序に関係なく覚えた単語を最後の単語の提示直後に思い出させる課題（自由再生課題）を行わせるとどのような結果が生じるであろうか。単語の提示順である系列位置を横軸、再生率を縦軸にとり、系列位置曲線を描くと、再生率は、単語提示順が最初のときと最後のときがよく、真中が悪いという曲線を示す（図9―2参照）。これを「系列位置効果」と呼び、最初のあたりの再生率のよさを示す「初頭効果」と最後のあたりの再生率のよさを示す「新近性効果」に分類される。この自由再生実験により、単語の提示順序によって、再生のよさが異なることが伺える。単語が同じ条件であれば、最初と最後に聞いた単語はよく覚えているということ、中間で聞いた単語は忘れやすいということである。なぜ、このようなことが起こるのであろうか。一つの理由として、干渉による忘却を考えることができる。干渉には、前に学んだことが後に学ぶことに干渉を与える「順向性干渉」と後に学んだことが前に学んだことに干渉する「逆向性干渉」が存在する。例えば、三〇分英語を学んだ後、ドイツ語を学んだ場合と三〇

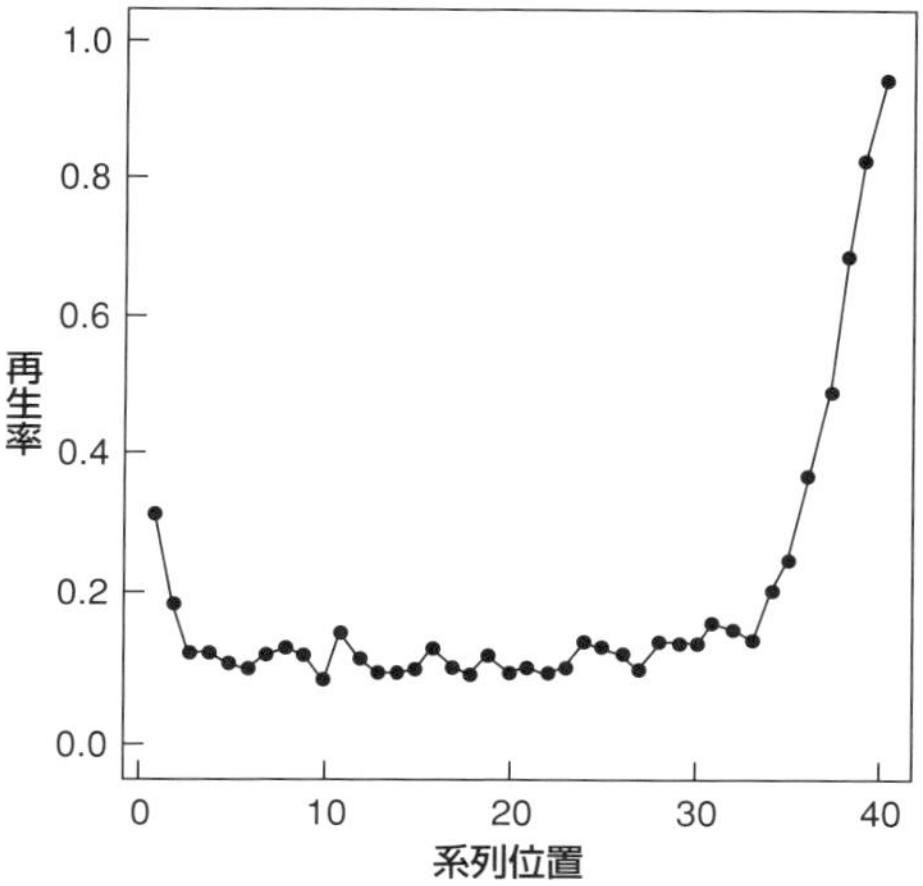

図9-2　系列位置曲線（Murdock, 1962）

分何もしないで、その後ドイツ語を学んだ場合では、後者の方が勉強の効率がよい。前者の場合は、前に学んだ内容が、後の学習の妨げとなっている。また、英語を学んだ後、三〇分何もしない場合と、英語を学んだ後、三〇分ドイツ語を学んだ場合、英語の学習効率は、前者の方がよい。これは、後者の場合、ドイツ語を学んだことが英語の学習の妨げとなるからである。このような干渉説の視点から系列位置曲線を考えると、最初のころの学習は、それより後に学んだ内容による逆向性干渉を受ける。系列の真中で学んだ内容は、その前後の内容から、それぞれ順向性干渉、逆向性干渉を受ける。系列の最後で学んだ内容は、順向性干渉のみの影響を受ける。よって、二つの干渉を受ける真中が最も再生率が悪いことになる。この干渉説のもとでは、どのような単語を提示しても同様の結果が生じると予想されるが、実際に互いに関連した単語、あるいは、互いに無関連な単語を提示する場合では系列位置曲線のパターンが異なることが知られている。互いに関連するとき、初頭効果がさらに大きくなるが、互いに関連しないときは、初頭効果が小さくなるのである。そして、いずれの場合も、新近性効果には影響を与えないのである。これは提示速度の速遅、単語の頻度の高低によっても同様の効果が認められる。このことより、初頭効果と新近性効果は、性質が異なるものであることが伺える。

ランダスとアトキンソン（Rundus & Atkinson, 1970）は、自由再生課題の際のリハーサルの程度を調べた。その結果、初頭効果のあたりでは、リハーサルが頻繁に行われているが、新近性効果のあたりでは、リハーサルはほとんど行われていないことを見出した。また、自由再生課題において、直後再生ではなく、最後の単語提示三〇秒後に自由再生を行わせると、新近性効果がなくなることが見出されている（Glanzer & Cunitz, 1966）。これより、初頭効果が見られるのは、最初のころ覚えた単語が長期記憶に保存されているからであり、新近性効果がみられるのは、最後のころ覚えた単語は、まだ短期記憶に残っているからであると考えることができる。これらの実験結果は、リハーサルをするということが、記憶保持のためには、重要であるということを伺わせる。そして、系列位置効果は、記憶した単語間の互いの干渉よりも、記憶した単語が長期記憶に入っているか、まだ短期記憶に残っているかという記憶のレベルの違いが関わることを伺わせる。

では、忘却はどのようにして起こるか。忘却には、いくつかの原因が考えられる。一つ目は、「自然崩壊説」である。覚えたものは、時間の経過とともに減衰してゆくという考えである。二つ目は、系列位置効果で既に説明した「干渉説」である。これは、覚えた情報が互いに干渉しあい、忘却が起こってしまうという考えである。例えば、課題Aを行った後で、課題Bを行い、その後で、課題Aで覚えた単語を思い出してもらう場合と、課題Aを行った後で、課題Bと同じ時間だけ何もせずに、そして、その後、課題Aで覚えた単語を思い出してもらう場合では、後者の方が、前者よりも再生はよくなることが知られている。これは、干渉効果による忘却の例である。この場合には、課題Aと課題Bの類似度が後の再生に影響を与える。課題が似ているほど、干渉効果が大きいと考えられる。三つ目は、「検索失敗説」で、思い出せないのは、忘却ではなく、思い出すのに失敗しているだけであって、別の思い出し方によって思い出すことが可能となるという考え方である。よって、そのような場合には、思い出すための手がかりやヒントを与えると思い出すことができるようになる。

二、記憶のモデル

（一）貯蔵庫モデル

人間の記憶を考えるのに、よくコンピュータをメタファとして使う。そのような記憶モデルとして、「貯蔵庫モデル」がある。貯蔵庫モデルでは、基本的に三つの貯蔵庫を考える。「感覚貯蔵庫」、「短期貯蔵庫」、「長期貯蔵庫」である。外界の刺激は、まず、感覚貯蔵庫に入る。感覚貯蔵庫は、目や耳などの感覚器官が有する貯蔵庫で、視覚刺激の場合であれば、目にある感覚貯蔵庫（アイコニックメモリ）である。感覚貯蔵庫に入る情報は、何ら加工されていない生の情報で、保持時間は一秒以内、貯蔵容量はかなり大きい。感覚貯蔵庫内の記憶を「感覚記憶」と呼ぶ。感覚貯蔵庫内の情報は、パターン認識によって注意を受け、言語化されることによって、次の短期貯蔵庫へ転送される。例えば、私たちが目を開けている限り、目には何かが映っており、その中の一部に注意が向けられる。バラの花が見えれば、バラに注意が向けられ、バラと言語化することになる。そうすると、バラが見えるということが短期貯蔵庫へ転送されることになる。注意を向けられない情報は、ここで消失されることになる。短期貯蔵庫では、基本的には言語化された情報が蓄えられ、数分間保持される。記憶容量は、七プラスマイナス二チャンクである。チャンクというのは一つのまとまりの単位を意味し、文字であれば、七プラスマイナス二語、単語であれば、七プラスマイナス二単語保持される。短期貯蔵庫内の記憶を「短期記憶」と呼ぶ。そして、短期貯蔵庫の情報は、「リハーサル」によって長期貯蔵庫へと転送されることになる。リハーサルには、「維持リハーサル」と「精緻化リハーサル」があり、維持リハーサルというのは、長期貯蔵庫に転送したい情報を何度も繰り返すことによって転送する方法である。例えば、初めて会った人の名前を覚えるために何度も繰り返して口ずさむ場合がこれに対応する。精緻化リハーサルとは、長期貯蔵庫へ転送したい情報を長期貯蔵庫内の既有の情報と関連づけることによって、情報を転送する方法である。例えば、「ケメス」という無意味単語を「毛虫のメス」と関連づけて覚える方法がこれに対応する。また、いわゆる、記憶術で覚える方法もこれに相当すると考えられる。長期貯蔵庫では、情報は、基本的には、「意味情報」である。保持時間および記憶容量ともに無限大である。長期貯蔵庫内の記憶を「長期記憶」と呼ぶ。長期記憶は、「宣言的記憶」と「非宣言的記憶」に分類される。宣言的記憶は、「意味記憶」と「エピソード記憶」に細分される。意味記憶とは世界の知識に関する記憶で、例えば、富士山の高さは三七七六mであるといった記憶を意味する。これに対して、エピソード記憶は個人の経験の記憶で、二〇〇二年の六月に金沢を訪れたといった記憶である。非宣言的記憶には、「手続き記憶」があり、自転車の乗り方のような手続きに関する記憶である。意味記憶は既存の概念で体制化されているので、体制化は維持されやすい。そして、覚えたものを思い出すときのアクセスは自動的である。また、覚えた知識を文脈に関わらず自由に利用できるという特徴がある。これに対して、エピソード記憶は、時間的に体制化されているので、体制化はくずれやすい。また、情報のアクセスは意図的で、文脈の手がかりが検索の際に重要である。

(二) 処理水準モデル

処理水準モデルでは、記憶のレベルを貯蔵庫ではなく、処理の深さという視点から考えてゆく。すなわち、処理が浅いほど、情報は短期的に保持され、処理が深いほど情報は長く保持されるという考え方である。「浅い処理」、「深い処理」とはどういうことかというと、知覚的なレベルでの処理（水準一）、言語的なレベルでの処理（水準二）、意味的なレベルでの処理（水準三）の順で深い処理と考える。この考え方は、クレイクとロックハート（Craik & Lockhart, 1972）が提唱したもので、記憶は、記憶の対象をどのように知覚的・認知的処理をするかが重要であると述べる。ここでいう知覚的な処理は、提示された単語に関する表面的な処理で、単語が漢字で書かれているか、あるいは、ひらがなで書かれているかといった知覚に基づく処理である。言語的な処理は、提示された単語の言語構造的特性で、ある単語が提示された単語と同じ韻をふむかどうかといったレベルの処理である。そして、意味的なレベルの処理は、単語の意味をもとにした判断で、その単語が特定の文章の中で、意味をなすかといった文章処理のレベルである。クレイクとタルヴィング（Craik & Tulving, 1975）の実験では、処理の深さが増すにつれて、提示された単語に関する処理時間、再認率、再生率も上がってゆくことが見出された。すなわち、情報は、意味的な処理をするほど、よく思い出されるのである。

（三）符号化特殊性理論

符号化特殊性理論では、想起のレベルと記銘のレベルを独立した過程と考えずに、どのように記銘したかということが、想起に関わるという考え方である。トムソンとタルヴィング（Thomson & Tulving, 1970）は、単語を覚えてもらう際に、記銘段階で覚えてもらう単語（記銘単語）のみを提示するグループと、記銘単語を覚える際に連想語を一緒に対にして提示し、記銘単語のみを覚えるグループを設けた。そして、思い出してもらうときに、連想語が手がかりとして与えられるグループと与えられないグループを設け、四条件のもとで記憶の再生実験を行った。条件一は、記銘時、再生時ともに連想語が提示される条件、条件二は、記銘時のみ連想語が提示される条件、条件三は、再生時のみ連想語が提示される条件、条件四は、記銘時も再生時も連想語が提示されない条件である。四条件下において再生率が最もよかったのは条件一であるが、その次によかったのが条件四であった。条件二や三では手がかりが与えられるので、再生率が条件四よりもよさそうであるが、実際はそうではなかったのである。なぜ、このようなことが起こるかというと、条件一と四の共通点は記銘時と再生時が同じ条件であるということ、条件二と三は記銘時と再生時が異なった条件であるということである。すなわち、条件一と四は、記銘時も再生時もともに連想語が提示されているか、あるいは、ともに提示されていないのに対し、条件二と三は、記銘時か再生時いずれかにのみ連想語が提示されているのである。この記銘時と再生時における条件の違いが再生に影響を与えるのではないかとタルヴィングは考え、これを「符号化特殊性理論」と呼んだ。例えば、単語を覚える際に、陸上で覚える群と海中で覚える群の二条件で行い、再生の時も陸上で再生する群と海中で再生する群を設ける。結果として、陸上で覚え、陸上で再生する群および、海中で覚え、海中で再生する群の方が、陸上で覚え、海中で再生する群および、海中で覚え、陸上で再生する群より、再生率がよくなる(Godden & Baddeley, 1975)。

三、長期記憶の構造

長期記憶では、知識はどのようにして体制化されているのであろうか。例えば、動物の名前は、どのようにして体制化されているのであろうか。私たちは、生物学的な分類に従って、動物の名前を階層的に学んできた。長期記憶の中でも、同様な生物学的な階層構造を形成しているのであろうか。コリンズとキリアン(Collins & Quillian, 1969)は、生物学的な階層モデルに基づく「ネットワークモデル」を提唱した。これは、動物という概念であれば、その下位構造に哺乳類、鳥類といった下位概念をもち、さらに、それらの下位概念の下に、馬とか、カナリアといった下位概念をもつ階層構造からなっており、ある階層よりも下の階層に属する概念は、上の階層が所有する属性を有しているという特徴がある。例えば、動物であれば、「食べる」とか、「呼吸をする」といった性質があるので、動物の下位概念である哺乳類や鳥類はこの属性を満たすことになる。そして、鳥類であれば、「飛べる」とか「翼がある」といった特徴をもつので、その下位概念であるカナリアやハトは、この特徴をもつことになる。もしもこのような知識構造で記憶しているとすると、どのようなことが生じるであろうか。コリンズとキリアンはこのモデルが正しいかどうかをみるために被験者に、①「カナリアは餌を食べるか」、②「カナリアは飛ぶか」、③「カナリアは黄色いか」という質問をしてそれが正しければ、できだけ速くYESの反応ボタンを押し、間違っていれば、NOの反応ボタンを押すという課題を行った。ここで、餌を食べるという特性は、カナリア独自の特性ではなく、動物の特性である。そして、飛ぶという特性も、カナリア独自の特性ではない。黄色いというのが、カナリア独自の特性であり、「カナリアが黄色いか」どうかを判断するために、私たちは、カナリアの情報が貯蔵されている地点まで調べにゆく。ところが、「カナリアは飛ぶか」どうかに関しては、飛ぶという属性はカナリアの属性ではなく、鳥類の属性なので、鳥類の地点でこれを調べることになる。鳥類の地点は、カナリアよりも上の階層にあるので、「カナリアは黄色いか」どうかを調べるよりも、「カナリアは飛ぶか」どうかを調べる方が、頭の中で遠くまで移動するので、時間がかかると考えるのである。よって、ネットワークモデルでは、③の質問に対

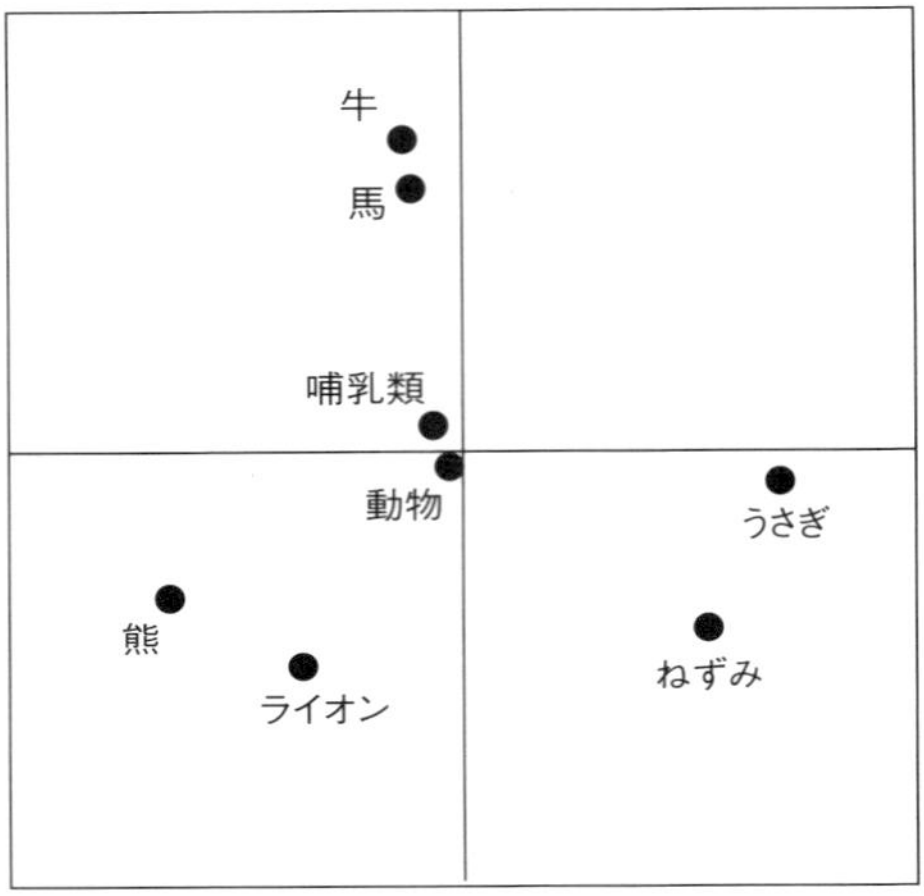

図9-3　距離データをもとにした動物の空間配置
(Rips, Shoben, & Smith, 1973)

する反応時間が最も短く、①の質問に対する反応時間が最も長いと予測される。実際に実験結果もこれを予測することになった。しかし、別の研究からはネットワークモデルを支持しない結果が見出された。例えば、「カナリアは鳥である」という場合と「ダチョウは鳥である」という場合を考えてみると、カナリアもダチョウも階層上は同じレベルに属するが、反応時間を測定すると、「カナリアは鳥か」という質問に対する反応時間の方が「ダチョウは鳥か」という質問に対する反応時間より短くなり、モデルに反するのである。これは、「典型性効果」と呼ばれるもので、カナリアの方がダチョウよりも鳥として典型的であり、このようなことがネットワークモデルでは説明できないのである。また、「カナリアは、鳥であるか」、「カナリアは、動物であるか」という質問をした場合、モデルでは、前者の反応時間の方が短いと予測されるが、実際は、後者の反応時間の方が短いのである。

これに対して、リップス、ショウベンとスミス（Rips, Shoben & Smith, 1973）は、「意味的特徴モデル」を提唱した。これは、概念間の距離を階層内のステップによって考えるのではなく、意味空間内の距離をもとに考えようとしたのである（図9−3参照）。そして、概念間の距離を近密度の程度によって測定し、それをもとに多次元尺度構成法を使用して概念を空間表現したのである。このようにして得られた意味空間は、概念的に近いものは、距離的に近くに位置づけられるので、典型性効果の説明も可能である。実際にリップスらの研究結果をみると、動物は頭の中では、生物学的分類に基づいて表現されているというよりも動物の大きさや野生性のような別の次元で体制化されていることが伺える。この方が、私たちの日常的な分類に合致しているように思われる。体制化というのは、生物学的分類のように対象の客観的な性質から対象を体制化する場合もあれば、それを使う側の視点から主観的に体制化する場合も挙げられる。また、この体制化は、固定的なものではなく、それをどのように使うかといった用途によって変化してゆく可能性も存在する。例えば、生物学の研究者は、生物学的分類に従って動物を分類しているかもしれない。また、動物が好きな子どもは、ペットという視点から動物を分類しているかもしれない。すなわち、使う側の知識構造が影響するのである。

四．知識構造を体制化せよ

人生設計を実現する上で、自分の仕事や専門分野に関する知識構造を作ることは必要である。記憶の研究は、知識構造を作る上で、さまざまな情報を提供してくれる。記憶についてのメカニズムを知っているか否かで、知識構造作成の効率も異なってしまう。まず、学んだことを長期記憶に入れるには、リハーサルをする必要があるということである。それも、自分が既にもっている知識構造と関連づけて覚える精緻化リハーサルが重要である。精緻化リハーサルを効率的に行うためには、既有の知識構造がよく体制化されていることが重要である。知識構造の体制化は、一義的なものではなく、客観的な基準で体制化されている場合もあれば、主観的な基準で体制化されている場合もある。いずれの体制化がよいのかは、状況によって異なると思われる。その人が使いやすいような体制化が効率的であると思われる。常日頃から自分の知識を使用してみて、どのような体制化が効率的かを決めるのがよいであろう。また、符号化特殊性理論が示すように、思い出すときには覚えたときの情報も関連するので、覚えるときには思い出すときのことを考慮に入れて覚えることが重要である。これらは、記憶についての知識であり、「メタ記憶」と呼ばれる。メタ記憶が記憶過程を制御しているので、記憶についての知識があれば、より効率的な記憶が可能になるわけである。メタ記憶は、記銘・想起段階における努力の必要性に敏感であるかどうか、記憶に影響する変数についての知識があるかどうかに分類される。前者は、すなわち、将来想起するということを念頭に入れて、意図的に記銘しているかどうかということであり、後者は、個人の記憶能力についての知識、課題の性質に関する知識、記銘・想起方略についての知識を意味する。自分が記憶力が弱いと思っているならば、それを補うような記憶方略を選ぶと、記憶の効率はよくなる。例えば、メモをとるとか、すぐに頭の中でリハーサルを行い、覚えたことを確認するなどがそれにあたる。記憶方略には、「記銘方略」と「検索方略」があり、いずれの知識も増やしておく必要があろう。

10 知能を伸ばす

知的環境を整えよ

一・知能の定義

頭のよさの指標として使われる知能とは、何であろうか。知能がどのように定義されているか調べてみると、それは一義的ではないことが伺える。ターマン（Terman, L.M.）やサーストン（Thurstone, L.L.）は、知能とは抽象的思考能力であると考えている。スピアマン（Spearman, C.）は、関係の抽出能力と定義し、ディアボーン（Dearborn, W.F.）は、知能とは、学習する能力、経験によって獲得してゆく能力であると考え、ピントナー（Pintner, R.）は、生活の中の新しい場面に適応する能力であると定義する。このように、知能の定義は研究者が異なると異なるのである。しかしながら、さまざまな研究者の知能の定義を分類してゆくと、ある種の共通的な定義が見えてくる。それによると、知能とは、抽象的な思考能力、学習する能力、環境に適応する能力として考えることができる。

二 知能の測定

知能のレベルを測る手段として知能テストがある。知能テストでは、知能の指標として、IQや知能偏差値、偏差IQを測定する。IQとは、知能指数のことで、知能テストで測定される精神年齢を被検査者の生活年齢で割ったものに一〇〇をかけた値として定義される。このIQの定義より、精神年齢と生活年齢が一致すれば、IQは、一〇〇となる。精神年齢の方が生活年齢より高いとIQは一〇〇以上となる。例えば、生活年齢一〇歳の子どもが一四歳の問題が解けると、IQは、一四〇ということになる。IQの平均は、一〇〇で、IQの分布は、表10-1に示すように分布する。図10-1は、生活年齢を横軸、精神年齢を縦軸にとり、精神発達曲線を表したものである。図10-1が示すように、精神発達曲線は、三歳までと、三歳から一三歳くらいまで、一三歳以降では、傾きが異なる。IQは、精神発達曲線の傾きに対応するので、傾きが大きいほど、IQが高いことになる。精神発達曲線の傾きは、三歳から一三歳までとそれ以外では、異なるので、IQが意味があるのは、三歳から一三歳までの範囲と考え

表10-1　知能指数と知能偏差値の対応関係

IQ区間	%		知能偏差値区間
141 以上	1	最優	75
125～140	6	優	65～74
109～124	24	中の上	55～64
93～108	38	中	45～54
77～92	24	中の下	35～44
61～76	6	劣	25～34
60 以下	1	最劣	24 以下

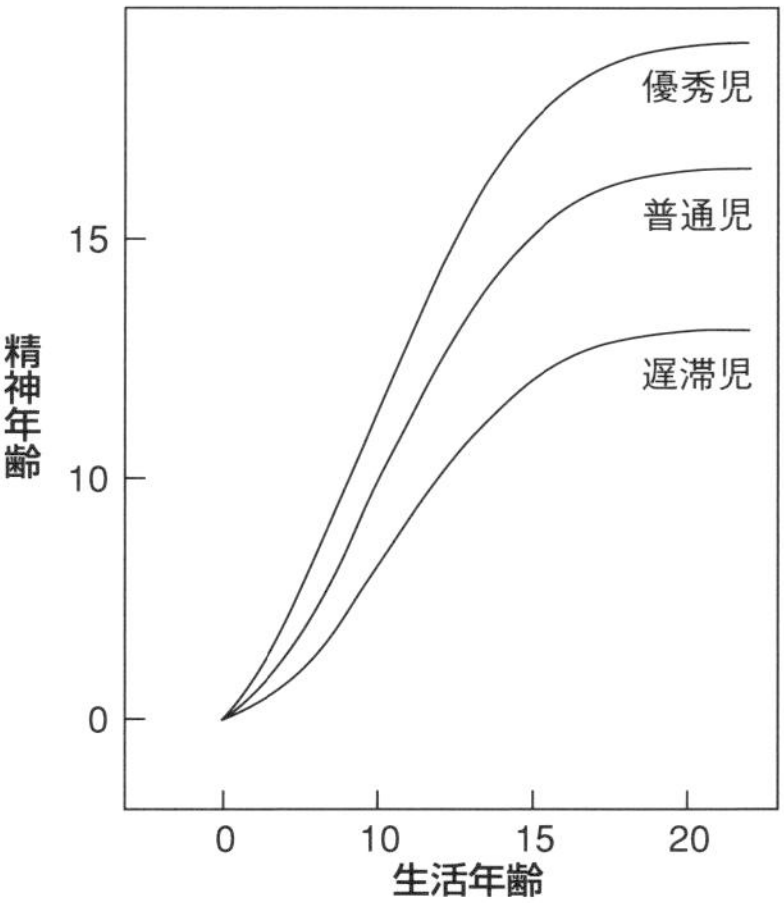

図10-1　精神発達曲線

られる。そこで、一三歳以降（少なくとも一五歳以降）は、知能偏差値や偏差ＩＱが使用される必要がある。知能偏差値は、被検査者の精神年齢を同年齢の集団からの偏差値として表したもので、平均五〇、標準偏差一〇に変換されている。偏差ＩＱは、この偏差値を平均一〇〇、標準偏差一五にして、ＩＱの分布に近づけたものである。知能テストは、測る内容によって一般知能テストと診断知能テストに分類される。一般知能テストは、一般知能を測定するテストであるのに対し、診断知能テストは、知能を構成する因子をそれぞれ測定し、被検査者がどのような知能因子が高いかを因子別に測定する。知能の因子としては、数的処理、記憶、言語、空間理解、推理などが挙げられる。また、個別に行うかどうかで、個人知能テスト、集団知能テストに分類される。

三、知能の因子構造

知能の因子構造は、知能テストを構成する下位検査項目間の相関関係をもとに因子分析をすることによって見出される。スピアマンは、一一〇〇名の少年に対して実施された、感覚、思考、記憶などからなる九四項目のテストを因子分析して、知能は、一般因子と特殊因子の二因子からなることを見出した（二因子説）。そして、空間的知覚や思考などは、一般因子を多く含むが運動速度や自由連想は特殊因子を多く含むことを見出した。これに対して、サーストンは、二一八名の大学生に対して実施した五七種類の知能テストを因子分析して、一三個の因子を抽出した。また、七一〇名の中学二年生に九三種類のテストを行い、一〇個の因子を抽出した。そして、これら二つの結果に共通している因子として、数（簡単な数を正確に処理する能力）、知覚（対象の細部を正確に速く位置づける能力）、空間（対象を二次元あるいは三次元で思考する能力）、言語（言語で表現された観念を理解する能力）、記憶（過去に経験した事柄を再び思い浮かべる能力）、帰納的推理（いくつかの事象から法則を探り出す能力）、言語的流暢性（ことばを速く書いたり話したりする能力）の七因子を見出し、この七個を基本的知能と呼んだ。サーストンは、知能の一般因子とは、これらの基本的因子がある割合で混合したものであると考えた。

サーストンの考え方は、多因子説あるいは群因子説と呼ばれている。知能の因子構造に関する考え方として、因子構造に一般因子を認める英国派と、一般因子を認めず群因子によって知能構造を説明しようとする米国派がある。

しかし、サーストンは、後に、知覚因子を除く六個の因子から一個の二次的因子を抽出し、これを二次的一般因子と呼んだ。また、キャッテル（Cattell, R.B.）は、知能の二次的因子を「流動性知能」と「結晶性知能」に分類している。流動性知能は、新しい場面に適応する際に働く知能で、非言語式知能テストによって測定され、遺伝的・生理的な要因の影響を受ける。発達曲線は、一四、五歳がピークで、それ以降は減少し、速さを競うような場面で働く。これに対して、結晶性知能は、経験や学習によって獲得した知識を利用して解決できる場面で働く知能で、言語因子、数因子、推理因子が含まれ、環境要因に影響を受ける。発達曲線は、一五歳以降も二八歳くらいまで増加する。知能の因子構造に関しては、英国派の考え方が、後にバーノン（Vernon, P.E.）の階層群因子説に発展し、全ての知能テストに共通する一般因子があり、これが、言語的・数的・教育的因子と実際的・機械的・空間的・身体的因子という二つの大群因子に下位分類される構造をもつと考えられている。そして、さらに、大群因子が、言語因子や数因子、あるいは、空間因子や特殊因子などの小群因子に下位分類されてゆくと考える。

四　知能に影響を与える要因

知能は、個人が先天的に有している素質的な能力で、生涯、恒常なのであろうか。知能の遺伝的な要因を調べるために、家系研究や双生児研究がなされてきた。優秀な家系には、優秀な人が生まれたり、知的遅滞者の家系では、知的遅滞者が多く生まれたりする。双生児研究においても、一卵性双生児同士の知能の方が、二卵性双生児の知能よりも相関が高い。これらのことは、知能の遺伝的な要素の重要性を物語るが、環境によって知能が伸びてゆく研究も見られる。例えば、知的刺激の乏しい孤児院の子どもを二グループに分け、一方は今までと同じ状態におき、他方は、系統的な教育を施したところ、教育を施したグループの子どもは、知能が伸びていったことが報告されている。また、孤児院に長くいるほど、知能が下がってゆく傾向が見出されている。これは、知的刺激や情報を豊富にすることが知能を伸ばしてゆくことを示唆する。そこで、より一般的な状況における知能の要因について考えてみよう。

一般的な状況で知能に影響を与える要因として、両親の知能、性別、地域差などが挙げられる。両親の知能が子どもの知能に与える影響としては、ライネール（Reinöhl, 1937）の研究がある。ライネールは、親の知能を、優×優、優×劣、中×中、劣×劣の四グループに分け、そして、各グループの子どもの知能が優、中、劣のいずれに属するかを調べた。その結果、親がともに優秀であると、子どもが優秀な知能になる比率は七一・五％、子どもが劣った知能になる比率は三・〇％で、両親が優秀であると子どもも優秀であることが伺える。逆に、両親がともに優秀でないとき、子どもが劣った知能になる比率は六〇・一％、子どもが優秀な知能になる比率は五・四％で、両親が優秀でないと子どもも優秀でない比率が高いことが伺える。しかしながら、両親がともに優秀でも子どもが優秀ではない場合、両親がともに優秀でなくとも子どもが優秀になる比率が若干存在する。これは、知能における環境の効果と考えられる。すなわち、適切な環境設定によっては、子どもは優秀になってゆくということである。性別の違いに関しては、一般知能においては、性別の違いは認められないが、知能を因子別に比較すると、数理能力、抽象的推理、機械的推理、空間関係においては男子の方が知能が高く、言語使用、書記能力では女子の方が高いことが伺える（Seashore, H.）。さらに、江川（一九六八）の都市児童と農村児童の比較において、言語式、非言語式知能テストともに、都市児童の方が農村児童よりも知能が高いことが示されている。地域差においては、より若い年齢で都市に移住するほど知能が高くなり、また、移住前の環境との差が大きいほど、都市生活が長いほど、知能が高くなることが知られている。これらのことは、都市に知能を伸ばす要因があると考えられる（高橋・東江、一九六三）。また、比較文化的研究において、狩猟や遊牧で生活をしているカナダのエスキモーおよびオーストラリアの原住民の子ども達と、農業で生活しているアフリカのエビリーの子ども達（六～一四歳）を対象にして、空間概念に関する課題と保存課題を実施したところ、狩猟民族の子どもは、農耕民族の子どもよりも空間概念課題の成績がよく、逆に、農耕民族の子どもは狩猟民族の子どもよりも保存課題の成績がよいことが見出されている。これは、生活条件に関わって特定の領域が発達してゆくことを物語る。

さらに、重要な問題として、脳の発達が挙げられよう。脳の神経細胞の軸索には、髄鞘という鞘がある神経細胞と鞘がない神経細胞がある。この鞘は、互いの神経繊維を隔離する働きがあり、生後の環境の中で、刺激や情報を与えられることによって増えてゆき、知的機能を向上させてゆくと考えられている。そして、この髄鞘化（ミエリン化現象）は、乳幼児期に著しく生じる。よって、このころまでに、多くの刺激や情報が与えられ、それらを自由に操作できるような環境設定が重要になってくるのである。子どもを取り巻く環境の中での、保護者の対応、表情、動作、言語活動が、脳の神経細胞のシナプス連鎖を形成し、それが知的活動の基盤となってゆくのである。すなわち、優秀な知能をもって生まれても知的環境が乏しい環境で育てられ、脳の発達が抑制されると、知能は伸びにくいことになる。

五．知能の認知的アプローチ

上述したように、知能の精神測定的なアプローチは、知能の構造的な側面を扱うが、知能の認知的アプローチは、知能の過程的側面を扱う。すなわち、情報処理的視点から知能を分析してゆく。精神測定的アプローチにおける分析の基本単位は因子であったが、認知的アプローチでは、情報処理コンポーネントである。コンポーネントによって、感覚入力を概念表象に変換させたり、別の概念表象に変換させたり、概念表象を運動出力に変換させたりする。スタンバーグ（Sternberg, R.J.）は、情報処理コンポーネントをメタコンポーネント、遂行コンポーネント、知識獲得コンポーネントの三種類に区別している。メタコンポーネントは、高次の制御過程で、課題を遂行する際に計画をしたり、監視したり、評価したりする。メタコンポーネントは、問題の存在の有無、問題の本質の認知、課題遂行のためのコンポーネントの選択、課題遂行のための方略の選択、表象の選択、課題遂行に関わる監視等を行う。遂行コンポーネントは、下位過程で、課題遂行に必要な方略を実行する。遂行コンポーネントによって、刺激間の関連性が推論され、推論した関係を新しい状況に適用してゆく。そして、知識獲得コンポーネントは、下位過程で、新しい情報を学習したり、情報を記憶に貯蔵したりする。関連情報から非関連情報を除く情報の取捨選択（選択的符号化）、符号化された情報を一貫性のあるように統合してゆく情報の結合（選択的結合）、既知の知識との関連づけ（選択的比較）を行う。認知的アプローチにおいて、知能における個人差はこれらの情報処理における個人差ということになる。スタンバーグは、情報処理の個人差の源泉として、課題解決の際に使用するコンポーネントの種類と量の違い、コンポーネントの組み合わせ方の違い（加算的か積算的か）、使用するコンポーネントの使用順序の違い、コンポーネントの処理形態の違い（完全情報処理型か自己終結情報処理型か）、コンポーネントの処理時間と正確さの違い、コンポーネントに関連する表象の違い（言語的表象か空間的表象か）の六つの違いを挙げている。

知能に関連する他の要因として「認知スタイル」も挙げる必要があろう。認知スタイルとは、知覚・記憶・思考などの認知活動の際に見られる、個人の比較的安定した情報処理様式のタイプである。認知スタイルには、場独立性―場依存性および熟慮性―衝動性の次元が考えられる。場独立型とは、知覚課題において、対象を背景から分離させて知覚できる場合であり、場独立型の知覚様式は、分化度の高い心理機能を示す。これに対して、場依存型とは、場の全体的文脈に左右されて対象を背景から独立させて知覚することができない場合であり、分化度の低い心理機能を示す。発達的には、全体的・等質的な体制から、より構造化され分節化された体制へと変化してゆく。分化度は、年齢とともに場独立的になってゆくと考えられる。熟慮性―衝動性は、概念的テンポの違いを示し、熟慮型は、さまざまな類似した刺激の中から正しい刺激を選び出すときに、反応が遅いが、間違いが少ないタイプで、衝動型は、逆に、反応は速いが、間違いが多いタイプである。年齢とともに、熟慮型に変わってゆく。

六．知的環境を整えよ

これまでみてきたように、知能は、さまざまな因子から構成されている。よって、同じＩＱでも、知能因子の中のどの因子が特にすぐれているか、あるいは、劣っているかによって知能の質が異なってくる。例えば、ＩＱが一一〇の場合、全ての知能因子のＩＱが一一〇の場合と、その中に、一四〇のＩＱ

をもつ要素がある場合では、質的に異なる。このような場合、知能因子の中で，秀でた因子に注目することが重要である。自分の秀でた因子をより伸ばすように知的環境を設定してゆくのである。そのためには、その分野、あるいは、その関連分野の情報が入手しやすいようにすること、同じ資質をもっている人がいる環境を選ぶことが重要である。知能はどのような環境にいるかによって伸び方が異なるのである。語学の能力を伸ばすためには、その言語を使用している環境に入ってゆくことが重要なのである。

自分の人生設計において、自分の目標と同じ目標をもっている人がそばにいる場合といない場合では、情報の量と質が異なってくる。できるだけ早い段階で、自分の人生目標を実行している人と出会うこと、そして、その人から影響されることがその能力を伸ばすことになる。知能には遺伝的な要素と環境的な要素があるが、環境的な要素をできるだけ充実させてゆけばよいのである。そして、知識を得るだけでなく、知識を得るための知識（メタ知識）を得ること、得た知識を活用することが重要である。知能の認知的アプローチの視点から考えると、情報処理コンポーネントをどのように使用するかが知能に影響を与えることを示す。例えば、記憶の自由再生実験において精神遅滞児を被験者として使用した場合、系列位置曲線において初頭項目の再生があまりよくない。そこで、精神遅滞児はリハーサルをしていないから初頭効果があまり現れないのではないかという仮説の下で、リハーサルをするように促した場合、初頭効果が有意に上がることが見出されている。これは、精神遅滞児が、学習の際に適切な方略を選んでいないからであると考えられる（Belmont & Butterfield, 1971）。また、ジーマンとハウス（Zeaman

& House, 1963）は、概念学習において、精神遅滞者と健常者の成績を比較したところ、両群の差異は、注意過程にあることを見出した。健常者は、初期の段階で、概念学習に関連した次元に注意を向けてゆくが、精神遅滞者にはそのような傾向は見られないのである。これは、概念学習における方略の違いであると考えられる。これらは、問題解決に関連する適当な方略を知っているかどうかに関わってくる。そこで、知能を伸ばすためには、問題解決のためにどのような方略があるのか、あるいは、自分のもっている知識をどのように使用すればよいのかということに関する知識を増やしてゆけばよいことになる。例えば、記憶することに関しては、記憶現象についての知識を得ておくこと、覚えておくべき内容はリハーサルをするということ、体制化をして覚えるということ、思い出すときの手がかりを覚えておくことなどである。これは、知識構造をどのように作ってゆくかということに関わる。学んだことを体系化せずに覚えると、思い出すときにどこにしまっておいたかわからなくなってしまう。そこで、思い出しやすいように知識を体制化しておくのである。知識の整理整頓が必要である。新しく学んだ知識を使用してみることは、その知識の使い方や有効性についての知識も獲得でき、体制化には有益である。学んだ知識は大切にしまっておくのではなく、頻繁に使用することがよいのである。使用することによってその知識に有効な体制化ができてくるのである。

11 創造性を開発する

ナンバーワンよりオンリーワンをめざせ

一．創造性の定義とそのプロセス

知能の定義が一義的に定まらなかったように、創造性の定義も一義的には定まらない。ポアンカレ(Poincaré, H.)は、「創造性とは、一見互いに無縁と考えられていた事実の間に予想もしなかったような類縁関係を見出すことである」と考えた。例えば、手紙とコンピュータというのは、かっては無関係のものであった。それが結びついて、電子メールを作り出したというのはこの例であろう。ポアンカレの創造性は、物事を視点を変えることによって見ることの重要性と関連する。ある視点から二つの物事をみると、互いに関連性がないように見えるが、視点を変えてみると二つの物事はかなり関連するということを見出したという経験は誰もがそれなりにしているだろう。電子メールもコンピュータを知らない人からみれば、手紙がコンピュータと結びつくということには気がつかないかも知れないが、コンピュータをよく知る人にとっては、その視点から見てみると、両者は互いに関連するということである。ギルフォード（Guilford, J.P.）は、人間の思考を収束的思考と拡散的思考に分類し、後者の拡散的思考が創造性と関連すると考えた。数学や物理の問題を解くときは、収束的思考によって、一つの方向を見定めて、問題を深く掘り下げてゆく。これに対して、新しい車のデザインを考えたり、あるいは、イベントを企画したりするときは、拡散的思考によって、あれやこれやといろいろな方向から問題に取り組んでゆく。問題が与えられたら、拡散的思考によってそれをさまざまな角度から分析し、解の方針が決まったら、収束的思考によって問題を掘り下げてゆくことになる。そして、問題を掘り下げてゆく途中で壁にぶつかった場合は、再び拡散的思考で問題解決の方向を見つけてゆくことになる。ブルーナー（Bruner, J.S.）は、「創造するとは、無用な組み合わせを作らず、役に立つ組み合わせ、本当にわずかしかない組み合わせを作ることである」と考えた。害虫に弱いがおいしい米となる稲と害虫に強いがあまりおいしい米とならない稲を組み合わせ、害虫に強いおいしい米となる稲を作ることは、この例であろう。また、マズロー（Maslow, A.H.）は、「創造性には、特別な才能の創造性と自己実現の創造性があり、前者は、天才、科学者、芸術家などの特別な人たちに見られる創造性で、その創造活動は社会的に新しい価値をもつかどうかで評価され、後者は、誰でももっているもので、必ずしも社会的に高く評価されるものでなくとも、その人にとって新しい価値のあるものを作り出す経験が創造活動である」と考えた。そして、これら二つの創造性は連続的であると考えた。常日頃からの小さな発想、小さな創造性が、やがて大きな創造性を作り出してゆくのである。

では、この創造性はどのようなプロセスを経て発現するのであろうか。ワラス（Wallas, G.）は、創造性の過程を、「準備期」、「あたため期」、「ひらめき期」、「検証期」の四段階に分類し、次のように分析している。準備期は、問題を解決するために必要なありとあらゆる情報を集める段階で、問題を解決しようとして、一生懸命取り組むこと、精神を集中することが重要であると考える。ワラスは述べていないが、情報収集としては、従来までの図書館を利用してのアナログ情報収集とインターネットを利用したデジタル情報収集、言語的情報収集と非言語的情報収集、意識的情報収集と無意識的情報収集が考えられる。言語的情報収集は、言葉で表された情報をもとに情報収集する場合であるのに対し、非言語的情報収集は、イメージや動作のようなことば以外の情報をもとに情報収集する場合である。意識的情報収集とは、検索者が意識して意図的に情報収集をする場合であるのに対し、無意識的情報収集は、寝ているとき夢の中の情報をもとにする場合や、非意図的に行った情報収集を意味する。情報をあらゆる角度から求めるという意味において、これはギルフォードの拡散的思考に対応する。あたため期は、問題解決に行き詰まりを生じ、問題の解決を見合わせ、別のことに従事する時期、あるいは、全く休息をしてしまう時期である。ひらめきが熟して自然に出てくるのを待つ状態である。あたため期は、緊張の開放、経験の再構成の時期で、この時期に無意識の中で、問題が解決され、今までの経験に基づくイメージが解体され、再構成されて、新しいイメージが作られる段階である。ハルトマン（Hartmann, G.）は、休息による気分の一新が重要であることを主張するのに対し、デューイ（Dewey, J.）は、思考の自発性を主張する。問題解決に行き詰まり、他のことをしているときでも、頭の中では今まで取り組んでいた問題を継続して取り組んでいる。これが思考の自発性を生んで行くと考えられる。数学者の岡潔は、「考え抜いた問題は、精一杯の努力の後で睡眠や休息をとると、いつのまにか解決され、あたかも隣の部屋の襖を開いてみると、襖の向こうにちゃんと整理されて出き上がっていたようなものであろう。」と述べているが、思考の自発性の例であろう。ひらめき期は、新しいアイデアがひらめく時期で、王陽修は、「余が平生作る所の文章は多く三上にあり。すなわち、馬上、枕上、厠上なり。」と述べ、ひらめきが起こる場所として、三上説を唱えた。馬上とは、乗り物に乗っているときを意味し、枕上とは、床に就いているときを意味し、厠上は、トイレに入っているときを意味する。馬上の例として、ポアンカレのひらめきが挙げられよう。数学者のポアンカレは、フックス関数を二つの級数の商で表そうと苦心していたが、壁にぶつかっていた。地質調査のために旅行に行くことになっていたので、数学のことを忘れ旅行に出かけた。クースタンという町で、馬車に乗ろうとしてステップに足をかけた瞬間に何の前ぶれもなくフックス関数の証明に気づいたという。枕上の例として、化学者のケクレ（Kekule, F.A.）

のひらめきが挙げられよう。ケクレは、ベンゼンの構造式についてのアイデアを夢の中で得た。夢の中で原子が眼前に踊りだし、蛇のようにのたうち回って、そのうちの一匹の蛇が自分の尾をくわえていたという。そのときはっと目が覚め、ベンゼンの炭素原子が環状に並んでいる構造を得た。キュビー(Kubie, L.S.)は、前意識（普通意識されないが、注意によって容易に意識化される意識状態）が創造性に重要な働きをしていると指摘している。例えば、討論中居眠りをしているかと思うと突然目をさましてその討論に適切に加わることのできる偉大な数学者の行動を挙げている。

ひらめきにはいくつかの特徴がある。一つ目は、唐突に出現することである。問題を解決しようと努力をするのであるが、その努力とひらめきとは不連続である。二つ目は、ひらめきの出現は自発的である。努力によって出現したものでなく、アイデアの方からやってきたという感じを与える。三つ目は、これこそ求めていたものであるという確信感を伴う。最後に、ひらめきは喜びと絶頂感を伴う。ひらめきには、いくつかのタイプがある。一つ目は、ポアンカレ型で、当該の問題から離れて別のことをしているときにひらめくタイプである。これに対して、キュルレ型は、問題から離れず、その問題にひたすら取り組み疲労しているときに、材料がひとりでに語り始めてひらめきが起こるという。

ひらめいたアイデアを論理的思考によって確かめるのが、検証期である。仮説を立て、実験や調査によって仮説を検証してゆく。論理的、分析的能力を必要とし、ギルフォードの収束的思考が関連すると考えられる。検証期には、根気と精密さが必要である。手間をかけてアイデアを完成する必要があるからである。

二、創造性の因子構造

知能がいくつかの因子によって構成されているように創造性もいくつかの因子によって構成されていると考えられる。まず、創造性は、「創造的思考力」と「創造的態度」に分類される。創造的思考力の因子として、ギルフォードは、六種類の因子を挙げている。

・問題に対する敏感さ　課題を解決するにあたり、問題点や改良点を敏感に読み取る能力。
・流暢性　言語が流暢で、次々とアイデアを生み出す因子。
・柔軟性　課題を解決するにあたり、特定の解決方法にこだわらず、多方面にわたって解決方法を求める因子。
・独創性　一般の人々とは異なった非凡の反応を生み出す因子。
・綿密さ　細かい点にまで注意を払って完成する能力。
・再定義　物事の概念を一度頭の中で分解し、再構成、再定義できる能力。

そして、創造的態度としては、以下のようなものが挙げられる。

・自己統制力　自己受容、自己一致、人格の統合性。

・自発性　自分の意志で積極的に行動する能力。
・衝動性　物事を集中的に行ってしまう能力。
・持続性　じっくり仕事に取り組む能力。
・探求性　未知の世界に挑戦し、問題発見、問題解決、創造力を育てる因子。
・独自性　他の人と違った考えや行動をする傾向。
・柔軟性　環境の変化に容易に適応できる能力。

三、創造性に影響を与える要因

創造性と知能とは、一般に低い正の相関があり、創造性を発揮するには一定水準の知能（ＩＱ＝一二〇以上）が必要なのである。高知能の子どもは、教師に従順で、教えられたことに関しては、理解が速いが丸暗記をする傾向がある。そして、教えられた範囲を超えて学ぶようなことはしない。知識吸収型である。これに対して、高創造型の子どもは、教師の発言から疑問を感じて質問したり、自分の考えを主張したりする。しばしば授業と関係ないことに興味を示す。問題発見・解決型である。ワイスバーグとスプリンガー（Weisberg & Springer, 1967）は、子どもの家庭環境と創造性との関連を研究し、子どもに対して同性の親の支配がないこと、子どもの退行現象に対して寛容であること、父親の仕事が自律

表11-1　トーランスによる教室における児童・生徒の創造活動と創造性の評価チェックリスト

（恩田 彰　「創造性開発の研究」より）

	創造性項目
1	一心不乱に話を聞き、物事を観察し、行動する。
2	話したり、書くことに類推を用いる。
3	身体を使って読み、書き、描く。
4	先生の文章を完成させるために大声をあげる傾向。
5	権威をもつ考えに挑戦する傾向。
6	多くの原因を照合する傾向。
7	物事を精密にみる傾向。
8	発見したことを他人に話したがる。
9	ベルが鳴っても創造的な仕事を続ける。時間に気がつかない。
10	一見関係のなさそうな考えから関係を見つけて表現する。
11	学んだことを家庭やそのほかのところで追及する。
12	好奇心をもつ。
13	自発的に実験法や発見法をもつ。
14	発見に興奮して声をはりあげる。
15	結果を予想したり、正確さを確かめる。
16	気を散らすことが少ない。
17	物や考えを新しく結びつける。
18	鋭い観察と質問をする。
19	自主的に学習上の研究課題を決める。
20	ほかにやりかたがないかと、あらゆる可能性を探索する。
21	進んで新しいアイデアを考え出し、そのアイデアを生かして遊ぶ。

的であることを挙げている。また、ゲッツェルスとジャクソン（Getzeles & Jackson, 1961）は、知能テストと創造性テストの成績を家庭環境との関係から分析し、高知能群の子どもの母親は、子どもや学校に対して批判的、自分のしつけに対しては満足しているのに対し、高創造性群の子どもの母親は、子どもや学校を批判することはせず、自分自身に不満を示すことが多い。

創造性を伸ばすには、どうすればよいのであろうか。創造的思考には、まず、イメージが重要な役割を果たす。イメージを喚起させるには、いくつかの方法が知られている。まず、適度の感覚遮断を行うことである。外界からの刺激は、イメージの生起を抑制するので、感覚遮断によってこの抑制を取り除くのである。次に、連想が重要な役割を果たす。連想による単語の組み合わせから、独創的な反応が連想反応として出現する。独創的な反応は短期的な連想では生じにくいので、長時間の連想を行い、後半に生じる反応を重要視してゆくのである。さらに、問題状況を熟知している状況に変換して考えることが重要である。例えば、血管の中の血液の流れを考えるのに、水道管の中の水の流れをもとに考えてゆくのは、この変換の考えを利用したものである。

トーランス（Torrance, E.P.）は、創造的態度を伸ばす一般目標として、健康な個性が育つように援助することであるとしている。そして、さらに、具体的な目標として、いかなる種類の才能も認めてやるということ、自分の才能の価値を認めるように指導すること、困難を乗り切る方法を学ばせること、必要最小限の知識を習得させること、感受性・自立性の発育を促す、孤立に対する耐性を指導することを挙げている。表11–1にトーランスによる創造性の評価チェックリストを示す。

四．創造性の開発

創造性を開発するために、いくつかの方法が考えられている。主なものを紹介する。

（一）ブレインストーミング

拡散的思考を活性化して、いろいろなアイデアを出させる方法で、基本的原理は、

①批判厳禁　出されたアイデアについて、すぐには良し悪しの評価をしない。

②自由奔放　アイデアは奔放なものほどよい。

③量を求む　アイデアの数が多いほどその中によいアイデアがある可能性が高いので、たくさんのアイデアを出す。

④結合改善　自他のアイデアを組み合わせて、さらによいアイデアを出させる、である。

（二）シネクティクス

異なった一見関連のない要素を結びつけるという意味で、創造過程のメカニズムとして、「見なれないものを見なれたものにする」ことによって分析し、「見なれたものを見なれないものにする」ことによって総合化する。

①人格的類比　自分自身がそのものになって、その中でものを考え感じ取る。

②直接的類比　既知の知識や経験を未知のものに当てはめる。

③象徴的類比　問題を記述するのにイメージを思い浮かべる。

（三）ＫＪ法

川喜田二郎が提唱した方法で、ばらばらな情報をラベルに書きこみ、これをまとめることによってアイデアを得る方法。

五．問題解決

創造性は、何らかの問題が発生し、それを解決するために必要とされる。問題にはいろいろなものが存在する。火星までゆくロケットを発明することや環境破壊をしない自動車を発明することから始まり、成田空港まで行く方法を見つけること、就職先を決めること、結婚相手を選ぶこととさまざまである。問題の中には、既に解決の仕方がわかっている場合もあれば、全く見当もつかない場合もある。既に解決の仕方がわかっている問題の解決を「ルーチン的問題解決」と呼ぶ。例えば、成田空港まで行く方法を探すときなどは、その例である。自分が知らなくても既に知っている人が存在し、その情報をもとに解決することができる。すなわち、ルーチン的問題解決は、既知の知識を利用してマニュアルなどのルーチン的な方法に従って問題を解決することである。これに対して、誰もその問題の解決方法を知らない場合、問題解決の方法を発見しなければならない。癌を治す薬の発明や環境破壊しない自動車の発明が、その例である。このような問題解決を「創造的問題解決」と呼ぶ。創造性を必要とするのは、この創造的問題解決の場合である。ルーチン的問題解決は、既知の知識構造の中から答えを探索するようなものである。問題が与えられると、その問題を手がかりとして、それに最も強く結びついた解答が、解答者の頭に浮かんでくる。その方法で解けなければ、次に頭に浮かんでくる方法で、再び問題を解くことを考える。解答者の頭に浮かんでくる方法では解決できないとき、他の人の知識を利用することになる。それでも解に到達できないとき、創造的問題解決が始まる。ルーチン的問題解決とは、問題とその解との間に既に道ができており、その道を誰かに聞いてでも発見できれば、解答にたどりつけることになる。しかしながら、創造的問題解決の場合は、問題から解までの道がまだできていない場合に相当する。よって、創造的問題解決では、問題から解までの道作りを考えなければならない。解の方向がわかれば、その方向に道を作ってゆけばよいが、解の方向さえわからない場合は、解の方向から見つけてゆくことになる。問題設定から目的地である解までの空間を「問題空間」と呼ぶが、拡散的思考は、この問題空間内で解の方法を見つけてゆくときに役立つ。問題空間探索は、大きく二つに分類される。一つ目は、「アルゴリズム探索」と呼ばれるもので、問題から解までの道を全てチェックし解に至る場合で、解までの道が存在する限り、時間がかかっても必ず解に到達する方法である。これに対して、「ヒューリスティック探索」は、問題解決までの近道を発見する方法で、全ての道を探索するのではなく、その中から可能性の高いものを選んで空間探索を行ってゆく。探索方法が正しければ、解に速く到達することができるが、探索方法を間違うと、解に到達するのが遅れてしまう。場合によっては、永久に到達できない場合も存在する。ヒューリスティック探索は、仮説検証的である。仮説を立て、それが正しければ、解に速く到達できるが、仮説が間違っていると仮説を変えない限り、正しい解には到達しない。この仮説をどのように選択してゆくのかがヒューリスティック探索の重要な点である。問題空間には、現在の状態から目標状態までの間にいくつかのサブゴールがあり、どのサブゴールを選んでゆくか（下位目標分析）、そして、サブゴールまでどのような手段でゆくか（手段目標分析）が必要である。ヒューリスティック探索では、空間探索において、あるサブゴールを選ぶことによって、目標状態により近づけるように、次のサブゴールを選んでゆく。サブゴール選択の基準は、目標との類似性が高いサブゴールを選ぶことである。基本的には、この方法で効率的に目標に到達するが、場合によっては、途中で遠回りすることによって、目標にたどりつかなければならないようなことも生じる（ローカルハイと呼ばれる）。

問題解決において注意しなければいけないこととして、人がよく陥り、そのために解決が長引いてしまう現象がある。例えば、山登りをしたときに缶詰をもってきたが、缶切りを忘れてスプーンをもってきてしまったような場合、缶切りがないから缶詰を開けられないと考えるか、あるいは、スプーンを缶切り代わりに利用して缶詰を開けると考えるか、スプーンは、スープを飲んだり、食べ物を食べたりするために使うもので缶詰を開けるためのものではないと考えるのは、「機能的固着」である。これに対してスプーンで缶詰を開けるのは、スプーンにある缶切りの機能を利用して缶詰を開けたので、機能的固着に陥っていないと考えられる。最近は、缶詰は、リングを引っ張るだけで開けられるが、昔は、缶切りは缶詰を開けるためには必要であったのである。登山家は、缶切りとスプーンを両方もっていくと荷物が増えるので、少しでも荷物を軽くするため、缶切りをもたずに、スプーンで代用するらしい。もう一つ問題解決にあたり陥りやすい現象として、「構え」がある。「構え」とは、ある問題が与えられたときに、その問題の解き方に対する構えができていると、より簡単な解決法があってもそれを見逃してしまう場合がある。これら二つの現象は、問題解決にあたり、気をつけなくてはいけない。

六．ナンバーワンよりオンリーワンをめざせ

今、社会で求められているものは、創造性である。終身雇用制や年功序列制などの古いシステムが見直され、新しいシステムが出現してきている。それは、言われた通りにすればよいというスタイルから、自分で問題を発見し、解決してゆく問題発見・解決型のスタイルへの移行である。これは、階層型の社会構造が非階層型の社会構造へ転換していることにも関わる。各人がスペシャリストとして、仕事を担当してゆくのである。上下関係よりも横の関係が重視される社会になりつつあるのである。そのような社会では、自分で考え、自分で決める、自己決定・自己責任が伴う。課題が与えられたならば、自分で

問題を発見し、自分で解決してゆくのである。この問題発見・解決型には、創造性が関連する。拡散的思考と収束的思考によって、新しい視点から問題を解決してゆくのである。新しい社会は、全ての人が同じ事をする等質性の社会ではなく、人によってすることが異なる異質性の社会である。自分自身のオリジナリティを大切にするのである。等質集団の中でナンバーワンになるのではなく、世の中で自分自身しかできないものを探し、磨きをかけてゆくのである。これをできるのは世の中で自分一人しかいないという、オンリーワンをめざすのである。自分に与えられた資質を生かせ、自分に磨きをかけろ、である。

12 やる気のメカニズム

心のアクセルをふかせ

一．動機の種類

何事にも前向きに取り組もうとする人もいれば、何もする気が起こらず、毎日を無駄に過ごしてしまう人もいる。この違いは、どこからくるのであろうか。これは、何かをしたいという欲求があり、その欲求がもとである行動が動機づけられることになる。何をしたいかは、欲求の種類によって決まり、人によっては、何かを食べたいという人もあれば、えらくなりたいという人もいる。欲求に関しては、マズロー（Maslow, A.H.）の階層的欲求について既に述べたが、ここでは、マレー（Murray, E.J.）の動機の分類について考えてみよう。マレーは、人間の動機を「ホメオスタシス性動機」、「内発的動機」、「性的動機」、「社会的動機」、「情緒的動機」に分類した。キャノン（Cannon, W.B.）は、生体が内部環境を一定の状態に保とうとする生理学的メカニズムを「ホメオスタシス」と呼んだ。食物や水分をとらないと、体内での不均衡が生じ、その不均衡を解消しようとする行動が現れるが、これを「ホメオスタシス性動機」と呼ぶ。マズローの欲求では、生理的欲求に相当し、生得的な欲求と考えられる。「内発的動機」は、外的な要因ではなくて、自分の内側からその行動を起こそうとする動機で、行動することが手段ではなく、行動そのものが目的になっている動機をいう。例えば、小遣いをもらうために、勉強するという場合は、小遣いをもらうことが目的で、勉強はそのための手段である。それに対して、勉強が面白いから勉強するという場合は、勉強そのものが目的になっている。このような場合を「内発的動機」と呼ぶ。この内発的動機は生得的動機で、さらに、「感性動機」、「好奇動機」、「操作動機」、「認知動機」に分類される。「感性動機」は、刺激を受けたいという動機で、刺激を受けないよりも受ける方を人間は好む。感覚遮断（センサリーデプリベーション）という人間の感覚器官に一切刺激を与えないような状態を作り、その中で生活をさせると、人間は耐えられなくなり刺激を求める方を好むといわれている。ヘロン（Heron, 1961）は、被験者を不透明のゴーグルで目隠しをし、耳を塞ぎ、さらに皮膚感覚も得られない状態でベッドで横になってもらい、何もせずにじっとしているだけで報酬を与えるという実験を行ったが、ほとんどの被験者は、退屈という苦痛に耐えられず、たとえ報酬をもらっても無刺激状態のままでいることを好まず、三日以上耐えた被験者は誰もおらず、途中で実験に参加することを断念したという。これは、人間は生活をしてゆく上で、適度な刺激が必要であることを意味している。好奇動機というのは、知的好奇心に関わる動機で、新奇な刺激があると、それに接近したり、探索したりしようとする。バーライン（Berlyne, 1958）の研究では、生後三ヶ月から九ヶ月の乳児を被験者として、単純な刺激や複雑な刺激を見せたところ、乳児は、複雑な刺激の方を見つめることが多いということを見出した。この好奇動機は動物でもみられ、アカゲザルは、パズルを報酬を与えなくても解こうとする（Harlow, 1950）。操作動機は、何かを操作したいという動機で、そして、認知動機は、頭を使いたいという動機である。三つ目の性的動機は、性行動に関する動機であり、アンドロジェン（男性ホルモン）やエストロジェン（女性ホルモン）のような性ホルモンによって影響を受ける。このように性行動は生物学的な基盤が明確ではあるが、ホメオスタシス性動機には属さない。それは、性行動には生理的な欠乏が必要とされないからである。社会的動機は、二次的に獲得された動機で、達成動機、親和動機、攻撃動機などが含まれる。情緒的動機は、恐れや怒りなどの情動が行動をかりたてる場合である。

二．外発的動機づけと内発的動機づけ

人間は、欲求が生じると、それを解消しようとする動機が起こり、そして、それを解消するための行

動が生じるが、この目標達成までの一連の過程を「動機づけ」と呼ぶ。動機づけは、「外発的動機づけ」と「内発的動機づけ」に分類され、「外発的動機づけ」は、報酬のような外的な要因がもとで、やる気を起こすような動機づけで、報酬を得ることが行動の目的となり、「内発的動機づけ」は、当の行動以外には明確な報酬がなく、外的報酬を得るためでなく、その行動自体が報酬となるような動機づけである。「内発的動機づけ」には、楽しいとか面白いといった正の感情が伴うが、「外発的動機づけ」の場合は、面白くないとか、仕方がないといった負の感情が伴う。「内発的動機づけ」においては、人間は生まれながらにして、勤勉で積極的に環境の相互交渉を求め、それによって自分が有能であることを追及してゆくと考えられ、環境に対する人間の能動的相互作用を重視しているが、「外発的動機づけ」の場合は、人間は生まれながらにして怠惰な存在であり、不自由で不快な状態が生じない限り、積極的に活動することはないという考えに立っている。そこで、「外発的動機づけ」では、どのような報酬をどのように与えるかが重要な要因になってくる。「外発的動機づけ」は、条件づけの理論に基づく動機づけで、パブロフ（Pavlov, I.P.）の条件反射の考えに由来する。パブロフは、犬を被験体として消化腺の研究をしているときに、犬は、餌をくれる飼育係の足音を聞くだけで、唾液を出すようになったことから、餌を与えれば唾液を出すという、「無条件刺激」に対する「無条件反応」は、足音という唾液を出す要因にならない「中性刺激（条件刺激）」を餌という「無条件刺激」と対提示することによって、足音という「条件刺激」によって唾液を出すという反応が生じると考えた。餌の提示によって唾液を出すのは、

「無条件反応」であるが、足音によって唾液を出すのは、「無条件反応」ではなく、「条件反応」と呼ばれる。無条件刺激の提示によって無条件反応が生じることを「無条件反射」というのに対し、条件刺激によって、条件反応が生じることを「条件反射」と呼んだわけである。このパブロフの条件反射は、現在では、「古典的条件づけ」と呼ばれ、条件刺激と無条件刺激の対提示によって、行動を条件づけする。古典的条件づけは、刺激という行動を誘引する刺激によって条件づけられるので、受動的行動に対する条件づけと考えられるが、後に、スキナー（Skinner, B.F.）は、人間や動物の能動的な行動に対する条件づけとして、「オペラント条件づけ」を提唱した。

オペラント条件づけにおいては、能動的あるいは自発的行動に対して報酬という「強化子」を提示することになるので、まず、自発的行動が現れることが必要である。自発的行動が現れるレベルを「オペラント水準」と呼ぶが、これが低くて、自発的行動が生じにくい場合は、「行動形成（シェイピング）」によってオペラント水準を上げて、自発的行動を起こしやすくする。この行動形成は、自発的行動が生じなくても自発的行動に関連する行動が生じたとき、それに対して報酬という強化子を与えてゆく。そして、徐々に本来の自発的行動により近い行動に報酬を与えてゆき（漸次的接近）、それまでの行動には強化子を与えないという方法（分化強化）によって、望む自発的行動を起こさせてゆく。例えば、自発的に勉強をしない子どもを自発的に勉強させるためには、まず、机に座ったらば、誉めたり（言語的報酬）、あるいは小遣い（物質的報酬）を与えたりして、机に向かう行動を増やしてゆく。そして、次に、本を開けるようになったら、本を開けたことに対して報酬を与え、机に座っただけでは、報酬を与えないようにする。そして、次に、本を読むようになったら、報酬を与え、本を開くだけでは、報酬を与えないようにする。このような方法を繰り返すことによって、最終的に自主的に机に座り、本を読み、勉強するように条件づけてゆく。このとき、報酬という強化子を望む自発的行動が起こるたびに与えるか、あるいは、毎回ではなく、二回に一回の割合で与えるかによって、これらは「連続強化」、あるいは、「部分強化」と呼ばれる。連続強化の場合の方が条件づけの形成には効果的であるが、報酬を与えることをやめてしまうと、連続強化で条件づけをした場合の方が、部分強化で条件づけをした場合よりも早く自発的行動が消滅しやすくなる。自発的行動が消滅することを、「消去」と呼ぶが、望まれる自発的行動は消去されにくく、望まれない自発的行動は、消去されやすい環境設定が重要になってゆく。報酬のような、条件づけをされる対象が望む強化子を「正の強化子」と呼び、罰のような望まない強化子を「負の強化子」と呼ぶ。オペラント条件づけにおいては、自発的行動に対して、正の強化子を提示（正の強化）すると、その行動の生起は増加し、負の強化子を提示（罰）すると、その行動の生起は、減少してゆくことになる。よって、望む行動には、正の強化子を提示し、おしゃべりをしたり、漫画ばかりを読んだりする望まない行動には、罰という負の強化子を提示することによって、望まない行動を消去することが可能になる。また、望む行動が生じたときに、負の強化子を取り除いてあげること（例えば、勉強をしているときには、他の人を静かにさせて、騒音を取り除いてあげる）は、望ましい行動の生起を増加させる。これを「負の強化」と呼ぶ。そして、強化子を提示しないことを「無強化」と呼ぶ。無強化の場合には、自発的行動は、徐々に消去してゆく。罰という負の強化子の提示は、望ましくない行動を効果的に消去させることができるが、罰を与えることによる副作用（例えば、今まで行っていた望ましい行動も一緒に消去されてしまう）が存在するので、望ましくない行動の消去のためには、無強化がよいといわれている。

外発的動機づけの場合には、報酬のような強化子が必要であるが、内発的動機づけの場合には、そのような強化子は必要としない。では、内発的動機づけは、どのようなメカニズムで生じるのであろうか。内発的動機づけの源として、二つの要因が考えられる。一つ目は、「知的好奇心」で、興味の対象との間のズレが適度であれば、知的好奇心が生じると考える。そして、ズレが大きすぎると、恐怖や不安を感じ、小さすぎると退屈を感じる。バーラインは、人間は心理的あるいは生理的に最適度のズレを求めるように、そして、そのズレを解消するように動機づけられていると考える。この知的好奇心には、「拡散的好奇心」と「特殊的好奇心」があり、拡散的好奇心は、自分の知らないことや珍しいことに興味をもち、はっきりした方向性がないことが特徴であるのに対し、特殊的好奇心は、あるものに興味をしぼり、それについて深く研究しようとし、特定の情報を求める。また、知的好奇心を喚起するには、「概念的（認知的）葛藤」が必要である。概念的葛藤には、疑い、当惑、矛盾、認知的不調和、混乱、不適切が挙げられる。二つ目は、自分は有能で、環境に働きかけ、環境を変えることができるという

「コンピテンス」と自己決定への欲求が考えられる。すなわち、「有能感」や「自己決定性」が与えられるような環境設定であれば、内発的に行動し始めるということである。この有能感を与えるような環境とは、自分が頑張ることによって困難を乗り越えることができる、あるいは、達成できるという経験を積ませてあげることができるような環境である。よって、その人にとって、頑張れば達成可能であるような課題を選択させることが重要となる。あまりにも難しい課題を与えると、達成できず有能感が得られないだけでなく、逆に、無気力に陥ってしまう場合もある。場合によっては、ある程度の基準に到達させるために、その人にとっては、難しい課題を与えざるをえないような場合も生じる。そのようなときは、その人のレベルと達成すべき課題との間に中間的なレベルの課題を導入し、サブゴールを導入することによって達成感を経験させ、少しずつ本来のレベルに到達させることが重要である。自己決定性というのは、自分が行っている課題は、自分が選んだ課題であり、他人によって強制させられているのではないという気持ちを与えることが重要なのである。

内発的動機づけは、外的な報酬がなくても自発的に生じる行動であるが、そのような行動に報酬という強化子を随伴させるとどうなるのであろうか。レッパー、グリーンとニスベット（Lepper, Greene & Nisbett, 1973）は、幼児を対象に賞状（報酬）の予期の効果を研究した。幼児は、絵を描くことの好きな三～五歳の園児で、絵を描いたら報酬を与えるという約束のもとで、絵を描かせる課題を行わせる報酬予期群、報酬の約束はしないが、課題終了後報酬を与える報酬無予期群、報酬の約束もせず、課題終了後報酬を与えない無報酬群の三条件で、絵を描かせ、その後一、二週間して、小部屋での自由遊びの時間に子どもがどれくらい絵を描く遊びを選ぶかを観察した。結果として、報酬予期群は、他の群と比べて、絵を選択することが有意に少なかったことを見出している。これより、賞状という物質的な報酬が内発的動機づけを低下させることが伺える。なぜ、内発的に動機づけられた行動に報酬を随伴させると、その行動は低下してしまうのであろうか。デシ（Deci, E.L.）は、報酬を制御的側面と情報的側面に分類し、さらに、因果律の所在との関係から内発的動機づけを分析する。報酬の制御的側面とは、ある行為をしたら報酬が与えられるという、報酬による行動の制御面を指し、情報的側面とは、報酬が与えられることによって、自分は優秀であるということが認められるので、報酬は、有能さの情報となることを意味する。因果律には、自分から進んであることを始める「内的因果律」と人にいわれて行動を起こす「外的因果律」が考えられる。物質的報酬は、制御的側面の方が情報的側面より大きいので、因果律の所在が外的に移動する、とデシは考える。言語的報酬の場合は、情報的側面の方が制御的側面より大きいので、コンピテンスや自己決定感が高まると考える。これを「認知的評価理論」と呼ぶ。これより、内発的動機づけに基づく行動を起こさせるには、その人は有能であるという情報を与えるということと、行動を制御せずに、自分で選択できる環境設定を行ってゆくことが重要であることがわかる。

人間の行動は、行動を統制する主体が、自分であるか、あるいは、自分以外であるかによって、「内的統制型」と「外的統制型」に分類される。内的統制型は、自分の行動と強化の間に随伴性があると考えている。よって、強化の有無は自己責任と考え、積極的行動を示すのに対し、外的統制型は、行動と強化の間に随伴性はないと考えている。よって、強化の有無は、環境に依存すると考え、積極的行動を示さない。

三、達成動機

外発的動機づけと内発的動機づけの分類は、行動の源が外的な要因であるのか、それとも内的な要因であるのという視点からの分類であるが、動機の内容的側面から分類すると、社会的動機の中の達成動機が、やる気と関わってくる。達成動機とは、困難なことを達成しようとする動機、目標を達成しようとする動機で、マックレランド（McClelland, D.C.）は、達成動機は、外的刺激に対して反射的に起こるのではなく、外的刺激をどのように認知するかが重要であると考える。そして、そのためにはその外的刺激に対してどのような先行経験をもっているかが関係する。この先行経験には、快・不快の感情が伴い、この感情の喚起が達成動機には重要と考える。これを「感情喚起モデル」と呼ぶ。やる気になるには、感情がゆさぶられること、そして、このゆさぶりは、誰かに外からゆさぶってもらうのではなく、個人の情報処理が関連するという。先行経験において、うまくできたときには喜びを感じ、失敗したときには悲しみを感じるという自我関与が重要である。

これに対して、ワイナー（Weiner, 1986）は、達成動機を帰属理論の視点から考えている。すなわち、達成に関連した出来事の結果（成功・失敗）は、能力、努力、課題の困難度、運の四つの要因に帰属すると考える。これら四つの要因は、統制の位置の次元と安定性の次元から分類され、能力および努力は、個人内に存在する内的要因であり、課題の困難度および運は、個人の外に存在する外的要因である。よって、能力および努力は、統制の位置が内的、課題の困難度および運は統制の位置が外的ということになる。さらに、能力と課題の困難度は、比較的安定した要因であるので、安定性の次元では、固定的であり、努力および運は、変動的と考えられる。では、課題の結果を能力に帰属する場合は、どのような場合であろうか。過去において、常に成功していたり、あるいは、常に失敗していたりして、結果に一貫性があるとき、能力に帰属しがちである。常に成功していると能力があると思い、常に失敗していると、能力がないと思うのである。努力に帰属する場合は、課題に取り組んだ時間や、緊張したとか、疲れたといった生理的変化が関係する。例えば、一生懸命頑張ったら成功したという場合には、成功の原因を努力に帰属し、あまり頑張らずに失敗したら、失敗の原因を努力に帰属する。また、課題の成績がだんだん上がってゆくような上昇型の場合、あるいは、下降型の場合も努力に帰属しがちである。課題の困難さに帰属する場合は、同じ課題に取り組んだ他の人との成績の比較が関連する。多くの人が成功すると易しかったと考え、多くの人が失敗すると難しかったと考える。そして、運への帰属は、課題の成功や失敗がランダムに起こるような場合、あるいは、連続的な成功の中での失敗の生起、連続的な失敗の中での成功の生起の場合のようなユニークな出来事の場合に生じる傾向がある。さらに、これを達成動機が高い人と、低い人に分けて考えると、達成動機の高い人は、成功したとき、その原因を能力や努力に帰属する傾向がある。そして、失敗したとき、その原因を努力不足に帰属する傾向がある。すなわち、内的要因に帰着しようとする。これに対して、達成動機の低い人は、成功すると、その原因を課題の易しさや運のよさに帰属する傾向があり、失敗したとき、能力不足に帰属する傾向がある。すなわち、成功は外的要因に帰属し、失敗は内的要因に帰属する傾向がある。

四．無気力

無気力とは、「しなくてはならないことがあるのにやる気が出ない」、「何もしたくない」といった状態をいい、動機の障害（新しいことを学ぶのに意欲がわかない）、認知の障害（成功や失敗は、自分の行動とは無関係と考える）、感情の障害（不安や抑うつ感情が起こる）を特徴とする。オーバーマイヤーとセリグマン（Overmier & Seligman, 1967）は、電気ショックを用いて犬に条件づけを行った。逃げることのできない電気ショック場面を繰り返し経験した犬は、後に、別の場面におかれたときに、きわめて無気力で、逃れることのできる電気ショックさえも逃れられない。苦痛刺激をコントロールできないという学習をしたと考えられる。これを「学習性無気力」と呼んだ。ヒロト（Hiroto, 1974）は、電気ショックの代わりに不快な騒音を用いて、人間を対象とした無気力実験を行った。ボタンを押すと騒音を止めることができるグループとボタンを押しても騒音を止めることができないグループを作り、その後、新たな場面で、騒音に対してどのような行動に出るかを調べた。結果として、騒音を止めることができず、聞かされつづけたグループは、騒音を止めるのに時間がかかったり、止めるのに失敗した。これより、コントロールできないと感じることが人間を無気力にさせることを示唆する。これは、失敗の経験だけでなく、成功した経験の場合でも生じ、自分がどのように行動しようと報酬を与えられると、やはり無気力になってゆく（Griffith, 1977）。

では、どのような人が無気力になりやすいのであろうか。まず、達成動機の低い人が、コントロールできない経験をすると、無気力になりやすい。無気力は、コントロールできないと認知したときに、その原因が、内的、安定的、全体的であり、その出来事が重要であると考えると、今後もコントロールできないだろうと予知し、生じると考えられる。達成動機の低い人は、コントロールできない場面を経験すると、原因を内的、安定的である能力不足に帰着しようとするからである。また、タイプAの人もコントロールできない経験をすると、無気力になりやすい。タイプAの人は、自分の能力を最大限発揮して仕事を達成しようとする傾向があるので、失敗の原因を能力不足に帰着するのかもしれない。そして、女性の方が男性よりも無気力になりやすい。女性の場合は、失敗の原因を能力に帰着する傾向があるのに対し、男性の場合は、努力不足に帰着する傾向があるからであると考えられる。

五．心のアクセルをふかせ

人生目標を考えるときに、それは自分にとって内発的に動機づけられているものであるかどうかを知ることは重要であろう。内発的に動機づけられている限りは、特定の報酬がなくても行動自体が楽しいので頑張れるものである。それが面白いから、楽しいから行っているわけで、長い時間従事しても苦にはならないであろう。しかしながら、人生目標が外発的に動機づけられていると、報酬が与えられなくなると、嫌気がさしてしまう。例えば、給料がよいという理由で就職先を選ぶと、仕事が自分にあっていないと気づいたときや、給料が上がらなくなったときに嫌気がさして辞めてしまったりする。よって、人生目標は、自分にとって楽しいものであるかどうかは、重要な基準である。したくないものは選ばない方がよいし、通常はしたくないものは選ばないのであるが、人生目標のサブゴール達成のためには、選ばざるをえない場合も生じる。例えば、望んでいた会社に就職できずに、仕方なく今の会社にいるといった場合、将来の目的達成のために仕方なく我慢しているという場合がある。そのような場合は、毎日がつまらないものである。それは、自分がコントロールできない出来事が多いからであるとも考えられる。そのようなとき、できるだけ自分がコントロールできるものを選んで関わってゆくと、日々の生活が楽しくなってきたりする。コントロールできないものは、上述したように、無気力の原因となるのである。そのためには、まず、自分で課題を選ぶということである。そうすると、コントロールしやすい。次に、成功や失敗の原因が努力に帰着できるようなものを選んでゆくことである。そして、自分が有能であるという情報が何らかの形で得られる課題を選ぶことである。換言すれば、自分が何らかの形で誉められるような課題を選べばよいのである。

お茶を入れるのが上手で誉められるのでもよいし、挨拶が上手で誉められるのでもよいのである。誉められる環境を少しずつ増やしてゆくことが重要なのである。誉められる環境は、自分がコントロールしやすい環境でもある。こうすることによって、無気力に陥らずに、自分の目標目指して頑張ってゆくことができる。自分が有能であるという環境作りを重視し、将来の目標に向け、心のアクセルをふかせ。

13 ストレスからの解放

視点を変えれば、心も変わる

一．ストレスのメカニズム

現代は、ストレス社会といわれる。私たちの日常生活のいたるところで、ストレスを感じることが多い。強いストレスにさらされると、精神病になったり、自殺に追い込まれたり、身体的損傷を受けたりする。そこで、本章では、このストレスのメカニズムを知り、どのようにストレスに対処すればよいのかを考えてゆく。

ストレスの研究は、セリエ（Selye, H）に始まる。セリエは、性ホルモンの研究をしているときに、被験体のネズミに卵巣組織の摘出物を注射すると、理論的には説明できないような反応が生じることを見出した。副腎腺組織が肥大し、胸腺が萎縮し、出血性の潰瘍が見られたのである。そして、これらの反応は、卵巣組織の摘出物の注射だけでなく、インシュリンの注射や熱や寒冷刺激でも同様に生じることを見出し、非特異的な反応であることに気づいた。そこで、セリエは、有害な刺激によってもたらされた非特異的に引き起こされる変化の全てを「ストレス」と呼んだのである。そして、ストレスのプロセスを全身的適応症候群（ＧＡＳ）と考え、ストレスは、次のようなプロセスをたどると考えた。

①警告反応期　ストレッサー（ストレスのもとになっている刺激）を感知し、ストレッサーに抵抗するための準備態勢を作る。このとき、心臓血管系および呼吸器系の機能が亢進し、副腎皮質の分泌が活発になる。

②抵抗期　ストレスに対し、さまざまな方法で対処する。ストレッサーに対する抵抗が増加し、ストレッサー以外の刺激に対する抵抗は低下する。

③疲憊期　ストレッサーに対する対処が失敗し、不可逆的な生理的損傷が起こる。例えば、腎臓疾患、関節炎、心臓血管系の障害、免疫機能の障害などを生じる。

これに対して、ラザラス（Lazarus, R.S.）は、ストレスとは、ストレスの状況を脅威と認知するかどうかが重要で、脅威であると認知されて始めてストレスが体験されると考え、個人的特性やパーソナリティの果たす役割を重視した。これを「認知的評価理論」と呼ぶ。そして、ストレスに対する対処行動として、直接行動、情報収集、行動抑制、情緒の緩和をもたらす認知的対処を挙げた。直接行動とは、自分とストレスに満ちた環境との関係を直接操作して変えることで、場所を移動したり、ストレッサーを除去することが含まれる。例えば、自分の近くに危害を加える人がいる場合、そこから、引越しをしたり、あるいは、加害者に出ていってもらうようにすることである。被害を受けた人が、引越しをしなくてはならないというのは納得のゆかないことであるが、ストレスがあまりにも強く、簡単には対処できない場合は、とりあえずこの方法を取らざるをえないかもしれない。情報収集とは、ストレスに満ちた環境を理解し、それらの出来事と関連した事態が生じることを予測する。ストレスが多いといっても朝から晩まで常にストレスが起こっているということはほとんどない。ストレスを与える人も、会うたびに常にストレスを与えるということも多くはないであろう。どのようなときにストレスに遭遇するのか、ストレスが起きる状況を分析してゆくと、ストレスの原因がわかってくることがある。ストレスを与える原因が自分の側にあるのか、あるいは、相手の側にあるのか、これだけでもわかれば、対処の仕方がだいぶ違ってくる。ストーカーに付きまとわれる場合でも、ストーカーが出やすい状況がわかってくると、ストーカーについての情報が見えてくる。このように情報収集は、ストレスの対処方法として重要である。行動抑制とは、何もしないで黙っていることで、ショックから回復するためには、刺激に対して反応しない一定の期間が必要である。認知的対処とは、ストレスに満ちた環境を別の視点から考え直し、リラックスできるようにすることである。ストレスは、それを受ける側が認知的にストレッサーを脅威と感じるか否かによって左右されるので、視点を変えることによって、ストレッサーを脅威と感じないようにすればよいということである。

二、ストレスの種類と性質

ストレスには、「身体的ストレス」と「心理的ストレス」がある。身体にかかるストレスが、身体的ストレスで、過剰な労働による疲労や、休息をとらない運動や作業などにより引き起こされる。それに対して、心理的ストレスは精神面にかかるストレスで、精神的につらい状態に陥ったときに生じる。心理的ストレス反応として、問題解決能力の減退、消極的傾向の増加、忍耐力の低下、いらだち、落ち着きのなさ、自尊心の喪失、情動的な興奮状態が挙げられる。また、ストレスには集団が同時に見舞われる集団的ストレスと一人の個人のみが体験する個人的ストレスがある。例えば、地震や火事のような災害、あるいは、地下鉄サリン事件やテロリストによる貿易センタービル破壊のような出来事によって、集団が同時に経験するストレスを「集団的ストレス」と呼び、配偶者の死のような個人的な出来事からくるストレスを「個人的ストレス」と呼ぶ。

また、ストレスは、「急性ストレス」、「慢性ストレス」、「日常的なハッスル」に分類される。急性ストレスとは、ストレッサーが突然襲ってきたことによるストレスで、上記の地震やテロによるストレスがこれに相当する。慢性ストレスは、常日頃から持続的に受けるストレスで、日々の過酷な労働などがこれに相当する。日常的なハッスルとは、日常的に持続的に受ける小さなストレスで、車の騒音や隣の家のピアノの音、身近にいる人からしばしば受ける悪口などがこれにあたる。ホームズとラーエ（Holmes & Rahe, 1967）は、社会生活における出来事が、結婚を五〇とした場合、どれくらいのストレスを与えるかに関して研究を行った。それによると、最もストレスが強いのは、配偶者の死、次が離婚、別居である。

ストレスの性質として、まず、ストレスは累積的であるということである。これは、ひとつひとつのストレスは小さくても、それが時間の経過に伴い累積され、大きなストレスになるということである。例えば、隣の家から聞こえてくるピアノの音は、それほど大きくてはなくても、毎日聞いているとストレスとしてたまり、大きなストレスへと発展してゆく。また、満員電車にゆられて会社に通うことは、小さなストレスであっても、それが毎日、そして長時間となると、かなり大きなストレスになってゆく。

次に、ストレスは免疫機能に影響を与える。よって、ストレスを受け続けると、免疫機能が弱くなり、さまざまな病気を引き起こしてゆく。例えば、風邪をひくこととストレスは直接は関連がなくても、免疫機能の低下という第三の要因によって結びついてしまうのである。そして、ストレスには後遺症が伴う。ストレスを誘発するような環境に再び陥ると、フラッシュバックによって、そのときの状態を思い出し、再びストレス状態に陥ってゆく。ＰＴＳＤ（心的外傷後ストレス障害）を引き起こすストレッサーとして、戦争、地震、テロ、性的暴力などが挙げられる。サリン事件の被害者の人たちの中には、事件後に地下鉄に乗れなくなってしまった人がいるというのもこの後遺症によるものである。

ストレスを受けると、自律神経系、内分泌系、免疫系に影響を及ぼす。ストレッサーが提示されると、大脳辺縁系を経て、視床下部が自律神経系と脳下垂体に指令を出す。脳下垂体は、副腎皮質刺激ホルモンを分泌する。これによって、血糖が上昇し、胃の粘膜が減少する。分泌されたグルココルチコイド（糖質コルチコイド）は、ぶどう糖を作り出し、炎症を抑え、うつ状態を抑える働きがあるが、副作用として、たんぱく質を分解するため、傷の治りが遅くなったり、胃潰瘍、十二指腸潰瘍、癌などの病気にかかりやすくなる。また、免疫力の低下により感染症にかかりやすくなる。これは、たんぱく質の分解により、胸腺が萎縮し、その結果リンパ球が減少することに由来する。また、自律神経系の働きにより、血圧が上昇し、胃酸分泌が増加する。副腎髄質からは、アドレナリンおよびノルアドレナリンが分泌され、副腎皮質からは、コルチコステロイドが分泌される。コルチコステロイドには、グルココルチコイド（コルチゾル）とミネラルコルチコイドがあり、コルチゾルは、ストレスに伴って発生する。コルチゾルは、脳に悪影響を及ぼし、シナプスに入り、神経細胞を死滅させる。また、海馬にも影響を与える。ストレスが続くと、セロトニンが不足し、感情にブレーキがきかなくなる。結果として、突然怒り出したり、快楽に溺れたりする。

三. ストレスと性格

ストレスに関連する性格として、タイプAを挙げることができる。一九七五年にアメリカで実施された約三〇〇〇名を対象とした心筋梗塞による突然死と性格との研究において、タイプAの性格の人（Aは、Aggressive の頭文字で、攻撃的を意味する）は、タイプBの性格の人（Bは、Balance の頭文字でバランスを意味する）よりも二倍以上発症率が高かったことが見出された。タイプAの特徴は、「多くの仕事に没頭し、いつも時間に追いまくられている」、「競争心が強く、敵意を示しやすい」、「高い評価や昇進を求める」、「速さを重視する」などが挙げられる。タイプAは、交感神経優位型で、休息や休日の時間でさえ、仕事のことを考えているので、リラックスできず、あまり副交感神経が働いていない。これに対して、タイプBは、自分の自律性を大切にする人で、自分を幸せにしてくれるものが、自分の外ではなく、自分の内側にあると考えている。タイプBは、自分のありのままの姿をよく知っていて、短時間にいろいろなことをしようとはしないし、自分の能力以上のことをしようとはしないので、あせったり、いらいらしない。よって、タイプBはストレスに強い。タイプBは、健康であるだけでなく、円熟した性格でもあり、自己実現を目指している人の性格である。タイプA、タイプB以外のタイプとして、タイプC（Cは Cancer の頭文字で、癌になりやすいタイプ）およびタイプACがある。タイプ

Cは、自分自身の感情を抑制する傾向の強い性格で、うわべは周りの人たちと好ましい関係を保ち、自己犠牲的なライフスタイルをもつ。大きなストレスに対して、攻撃的にならず、逆に、内向的になり、絶望感、無力感に陥る。そして、タイプAとタイプCの両方の特徴を持った性格である。タイプACは、高血圧症、糖尿病、高脂血症などの慢性病にかかりやすい。どのような性格になるかは、親の養育態度が関連している。子どもは、三歳までに親との信頼関係を築き、四歳から七歳までに自分らしさの基礎を作ってゆく。親との間の信頼関係は、親からの無条件の愛が必要であり、自分らしさの獲得には、親のしつけが必要である。タイプAの場合は、親もタイプAであることが多く、仕事に精を出し、休みのときもリラックスをせず、仕事に夢中である。そして、子どもにも高い目標を設定し、競争をさせる。また、子どもと接する時間が少ないので、子どもは親の気を引くために頑張るのである。しかし、自分らしさが獲得されていないのである。子どもは、欲求と制約の葛藤を経験しながら、自分らしさを獲得してゆくのである。タイプCの場合は、親からの制約が強く、自分の欲求があまり満たされていない。そこで、欲求を抑制して、親の愛を得ようとするのである。タイプACの親は、子どもに接する態度に一貫性がなく、親のしつけとしての制約がそのときどきで変わってしまう。そこで、あるときには攻撃的になり、また、あるときには内向的になり、落ち込むのである。

四．視点を変えれば、心も変わる

ストレスについて重要なことは、ストレスは、基本的には認知的な問題であるということである。本人がストレスであると感じたとき、ストレスが作用し始めるのである。そのように考えてみると、認知的にストレスを感じないようにすることが、まず重要である。第二次世界大戦のとき、アウシュビッツ強制収容所に多くのユダヤ人が収容され、その収容生活の中で、多くの人が病気などで亡くなっていった。長く生存できた人は、身体的に強い人かと思われがちであるが、実のところは強い精神力のある人たちが生き残っていったといわれている。すなわち、強い精神力を育てるということが、ストレスに打ち勝つひとつの方法であることがいえよう。強い精神力、それは、何がなんでも生き延びてゆくという力である。何が何でも生き延びてゆく力をもつには、明るい将来が見えていることが必要であろう。例えば、何者かによって、どこかわからないところに閉じ込められてしまった場合、そこから脱出できないと思うと、強いストレスに陥ってしまう。しかし、そこには、必ず脱出する方法があると考え、脱出する方法を考え始めると、ストレスは小さくなってゆく。例えば、目を閉じて静かにしていると、周囲の音が聞こえてくる。その音が、自分がどこに閉じ込められているか教えてくれよう。人の声や車の音であれば、近くに人が住んでいることがわかってくる。あるいは、閉じ込めた者が定期的に様子を見にやってきたり、食事を与えてくれるようであれば、殺害が目的ではなく何らかの意味で生かしておく必要があるということがわかってくる。そして、これらのことは、生き延びてゆく情報を与えてくれるのである。すなわち、生き延びようと思ったとき、生き延びるための情報を探してゆけばよいのである。これは、自殺をする人にもいえることであろう。将来が暗いと思うために死を選ぶのであろうが、将来が暗いか明るいかは、その人が将来をどのように認知しているかということと関わる。将来が暗いと思うと激しいストレスに襲われ、ストレスから解放されたいために死を選んでしまうのかもしれない。しかし、心を静かにして、将来を考えてみると、暗いと思っていた将来から脱出が可能になってくることも真実である。例えば、自分の周りには自分をわかってくれる人はいないと思い込んでいたにもかかわらず、よく考えてみると、かつて自分のことをよく理解してくれた友がいたりしたことを思い出したりする。あるいは、思いがけなく、自分よりも過酷な状況から立ち直っていった人の話を聞いたりして、生きてゆく道が見えて来たりする。このようなことは、まずは、何が何でも生きてゆくという精神力をもってこそ見えてくるものであろう。ストレスは、人に苦痛を与えるものであるが、見方によっては、新しい生き方を探すための機会となるものであるのかもしれない。強いストレスに遭遇したとき、それは、人生に大きな変化が現れるということを意味しているのかもしれない。いままで一本道と思っていた道に分かれ道が出てきたと考えられるかもしれない。耳をすまし、いろいろな情報に耳を傾け、自分を生かす道を見つければよいのである。

また、交感神経主導型に生きようとするとストレスがたまるので、副交感神経主導型に生きることも重要である。そのためには、仕事と休みをはっきりと区別することである。また、副交感神経によって分泌されるセロトニンを抑制するタバコのニコチン、コーヒーのカフェイン、運動不足、肥満は避けるべきであろう。

14 大脳の話

心のハードウエアを知れ

一．脳の機能について

私たちの行動全てを支配しているのは、脳である。人間の脳の重さは、成人で約一二〇〇～一五〇〇gで、体重の二～二・五％を占めている。この脳が、見たり、聞いたりする知覚的な働きや、歩いたり、走ったりする身体的な運動だけでなく、泣いたり、笑ったりする精神的な働きまで、全て支配している。同じ脳でも、人間と動物では異なる。人間は言葉を使用することができるが、動物は使用できない。これらの違いは、脳のどのような機能から生じるのであろうか。本章では、脳についての精神的な機能を中心に考えてゆく。

脳は発生論的には神経管から始まる。神経管の前部がくびれて、前脳、中脳、後脳、延髄ができ、神経管の残りから脊髄ができたといわれている。前脳は、大脳と間脳からなり、中脳は、上丘、下丘、アミン性核群からなり、後脳は、小脳と橋よりなる。大脳（重さ約八〇〇g）は、さらに、「大脳新皮質」、「大脳辺縁系」、「大脳基底核」よりなる。大脳新皮質（厚さは、二～三㎜）は、知識センターの役割をし、大脳辺縁系（大脳旧皮質）は、感情の中枢である。大脳辺縁系には、扁桃核、海馬、帯状回、中隔核、脳弓があり、扁桃核は、好き嫌いの中枢で、快・不快を感じる。海馬は記憶に関連し、帯状回は、意欲に関連する。大脳基底核（大脳古皮質）には、尾状核、被殻、淡蒼球、視床下核、黒質がある。尾状核と被殻を合わせて線条体といい、線条体は、大脳新皮質、大脳辺縁系、視床から情報を受け取っている。淡蒼球や黒質は、視床や線条体に情報を送り出している。そして、視床下核は、淡蒼球から情報を受け取り、再び淡蒼球に情報を送り返したり、黒質に送ったりしている。大脳基底核は、主に空間の運動に関わり、大脳基底核の障害は、パーキンソン病に見られる運動障害を起こす。大脳辺縁系と大脳基底核は、動物の時代からある脳で、「動物脳」と呼ばれるのに対し、大脳新皮質は人間のみがもつ「人間脳」である。また、大脳基底核は、脳の一番内側に位置し、その外側に大脳辺縁系が位置し、さらにその外側に大脳新皮質が位置する。間脳は、視床、視床下部、下垂体よりなり、視床は視覚と関わり、視床下部は、「生命脳」といわれ、自律神経と内分泌系をコントロールする。また、食欲や性欲などの欲望の中枢でもある。下垂体は、「ホルモン脳」である。大脳は、右脳、左脳、脳梁に分けると、右脳は、「感性脳」と呼ばれ、空間・時間の認識に関わる。これに対して左脳は「論理脳」と呼ばれ、言語・計算・論理に関わる。そして脳梁は、左右の脳の情報伝達に関わる。てんかん患者の場合、片方の脳の異常がもう一方の脳に伝わらないようにするため、脳梁を切断する手術がかって行われていたが、このような脳梁を切断された患者を調べることによって脳の左右の機能差がだいぶ明らかになってきた。例えば、このような患者に、右視野あるいは左視野に物の絵を瞬間的に提示すると、右視野に絵を提示したときは、絵の名前が言えても、左視野に提示したときには、絵の名前が言えないという現象が起こった。脳では、右視野に見えた情報は、左脳に伝達され、左視野に見えた情報は、右脳に伝達されることが知られているので、これより、左脳には言語に関わる機能があることが推測される。さらに、左視野に提示されたものが何であるか、言葉では言えなかったが、それと同じものを見えないようにして手探りで探させると、探すことができたことより、右脳は、視覚情報に関わるということが推測される。更に、「左半側空間無視」という現象が見られる。これは、右半球を損傷した患者に、視野に提示されたものを絵で描いてもらうと、左視野の部分を無視して絵を描くという現象である。このことは、左半球を損傷した患者ではまれにしか起こらないことから、左脳は、右視野に対する注意だけをもっているが、右脳は左右両方の視野に対する注意の機能をもっていることが推測される。

また、大脳の表面は、シワ（脳溝）の模様になっているが、このシワには、太いシワと細いシワがあり、太いシワをもとに、前頭葉、側頭葉、頭頂葉、後頭葉に分類される。前頭葉が最も広く、大脳新皮質の表面積の四〇％を占める。その次が、側頭葉、頭頂葉で、後頭葉が一番狭い。脳の表面積は、前頭葉以外は六歳ころでストップするが、前頭葉は一〇歳くらいまでは増えてゆく。前頭葉と頭頂葉の境にある中心溝に沿って、前頭葉側に運動野、頭頂葉側に体性感覚野がある。また、嗅覚野は前頭葉の下の方にあり、聴覚野は側頭葉に、視覚野は後頭葉にある。前頭葉の運動野以外の部分のうち、前部を前頭連合野、後部を運動連合野と呼ぶ。また、連合野には頭頂葉の体性感覚野以外の部分である頭頂連合野、後頭葉の視覚野以外の部分である後頭連合野、そして、側頭葉の側頭連合野がある。運動野と感覚野は大脳以外の部分との情報のやり取りを行っているが、連合野は、大脳の中の各部との間の情報のやり取りのみを行っている。

連合野は、大脳新皮質の表面積の三分の二を占め、生まれてからの生活環境の影響を受ける。前頭連合野は、脳の最高中枢部で、思考、学習、推論、意欲などの高度の精神的機能を果たしている。大脳新皮質の三〇％が前頭連合野である。頭頂連合野は、空間認識に関わり、対象の空間内の位置や方向を認識する。側頭連合野は、形の認識に関わり、後頭連合野は、視覚情報の認識に関わる。

二．神経細胞と神経伝達物質

脳の細胞は、「神経細胞」と「グリア細胞」からできている。神経細胞はニューロンとも呼ばれ、胎児期に急激に細胞分裂して増加してゆくが、妊娠九ヶ月くらいでストップし、半減してしまう。あらかじめ半減することは決まっているのでこれを「プログラム死」と呼ぶ。半減した神経細胞は、これ以降増えることはない。体細胞は、何歳になっても増えてゆくが、神経細胞は、減ってゆくだけなのである。神経細胞の数は、大脳新皮質で約一四〇〇億個で、大脳新皮質の中でも高度な処理をするところは、神経細胞の数が多い。脳全体では一〇〇〇数億個くらい存在する。小脳には、一〇〇〇億個以上あり、大脳新皮質よりも多い。神経細胞は、感覚器官から受け取った情報を他の神経細胞に次々と伝えてゆく。情報は、電気信号によって伝達される。神経細胞が他の神経細胞から情報を受け取ると、神経細胞膜の内側と外側をナトリウムイオンやカリウムイオンが行き来し、その結果、細胞膜の内側と外側ではイオンの状態がプラスになったりマイナスになったり変化する。この変化によって電気信号が生まれることになる。この電気信号を「活動電位」と呼ぶ。この活動電位は、軸索の付け根（軸索小丘）で発生し、連鎖反応的に軸索を進んでゆくので、途中で弱くならない。神経細胞は大きいもので直径一〇〇ミクロン、小さいもので直径五ミクロンの大きさである。神経細胞は、細胞体、樹状突起、軸索、シナプスよりなる。軸索の先端は、枝分かれしていて、他の神経細胞の樹状突起と二〇～三〇ナノメートルの隙間（シナプス間隙）を隔てている。この接続部を「シナプス」と呼ぶ。人間の場合、妊娠二ヶ月くらいから、胎児の中の神経細胞の軸索が伸び、シナプスを作り始め、情報の伝達や処理に必要なネットワークを作り始めるが、三歳ころまでには完成する。シナプスによるネットワークは、特定の刺激が与えられないとその刺激に対応するネットワークが作られないので、三歳までの環境が重要な役割を果たすことになる。軸索には、髄鞘と呼ばれる鞘がある神経細胞と鞘がない神経細胞があり、鞘がある場合を「有髄神経細胞」、鞘がない場合を「無髄神経細胞」と呼ぶ。この鞘は絶縁体の役目を果たす。神経細胞は、密集していて、互いの活動電位がもれて混信しやすいので、それを防ぐために髄鞘があるのである。髄鞘は、数ミリごとにくびれていて、このくびれを絞輪と呼ぶ。有髄神経細胞を通る情報は、絞輪から絞輪へとジャンプして伝わってゆく（跳躍伝導）。情報伝達のスピードは、軸索が太いほど速く、そして、髄鞘のある軸索の場合、跳躍伝導ができるので、最も速い。無髄神経細胞での情報伝達速度は、五〇cm／秒であるのに対して、有髄神経細胞の場合は、五m／秒、髄鞘が太い場合は、八〇m／秒となる。神経細胞は、樹状突起から情報を受け取り、シナプスより情報を出力する。シナプスには、シナプス小胞という袋があり、そこに神経伝達物質という化学物質が入っている。活動電位がこの袋に到達すると、神経伝達物質が吐き出され、それがシナプス間隙を通って他の神経細胞に送られることになる。よって、神経細胞には神経伝達物質という化学信号が入力され、それが活動電位という電気信号になって軸索を伝わり、そして、再び化学信号として次の神経細胞に情報を送っていることになる。そして、一つの神経細胞からは、一種類の神経伝達物質しか作られない。大脳新皮質では、有髄神経細胞による情報伝達が行われるが、大脳辺縁系および大脳基底核では、無髄神経細胞による情報伝達が行われる。情報を伝える神経伝達物質は、アミノ酸、アミン、ペプチドホルモンに分かれ、有髄神経細胞では、アミノ酸神経伝達物質であるGABA（γアミノ酪酸）が使用される。無髄神経細胞では、アミン性神経伝達物質である、アドレナリン、ノルアドレナリン、セロトニン、ドーパミンが使用される。無髄神経細胞は、A、B、C系列の神経核（脳幹の中脳・橋・延髄にある）よりなり、A系列は、A1からA16まであり、A1からA7までが、ノルアドレナリン、A8からA16においてドーパミンが分泌される。B系列は、B1からB9において、セロトニンが分泌される。そして、C系列はC1からC3まであり、アドレナリンが分泌される。ペプチドホルモンは、無髄神経細胞で分泌され、βエンドルフィン、TRH（甲状腺刺激ホルモン放出ホルモン）、LHRH（性腺刺激ホルモン放出ホルモン）などがある。

グリア細胞は、情報伝達は行わないが、髄鞘を作ったり、神経細胞に栄養を運んだりして、神経細胞の働きを助けている。また、グリア細胞は、脳にマイナスになるものが脳に入るのを防いだり、脳に大切な神経伝達物質が脳から外に出ないように守っている。グリア細胞は神経細胞と異なり、成長するにつれて増えてゆく。脳では神経細胞は増えないが、樹状突起とグリア細胞の数が増えてゆくので、成長とともに脳は重くなってゆくのである。脳の栄養素は糖質のブドウ糖で、脳はブドウ糖を血液から吸収している。よって、脳は、酸素だけでなく、ブドウ糖が届かなくても死んでしまうのである。

脳が活動しているときには脳波が出るが、脳波には、以下に示す五種類の脳波がある。ガンマ波は、不安を感じたり、興奮したりするときに現れる脳波で、三〇ヘルツ以上の周波数であり、ベータ波は複雑な計算をしたり、日常的な仕事をしているときに現れる脳波で、一四から三〇ヘルツの周波数である。そして、アルファ波は、何かに没頭したり瞑想したりするときに現れる脳波で、八から一三ヘルツの周波数。リラックスしているときに現れる。シータ波は、眠りにつくときなどのうとうとしているときに現れる脳波で、四から七ヘルツの周波数。最後に、デルタ波は、睡眠中などほとんど意識のないようなときに現れる脳波で、〇・五から三・五ヘルツの周波数である。そろばん日本一の人がそろばんをしたり、将棋の名人が将棋を指したりしているとき脳波を測定すると、アルファ波が現れていることからアルファ波は、天才の脳波と呼ばれている。そして、この脳波が現れているときにひらめきが起こるといわれている。

三、大脳と精神発達

精神発達に関わる大脳の領域としてまず挙げられるのが、言語に関わる領域である。言語に関わる領域は、「ブローカ中枢」と「ウェルニッケ中枢」の二ヶ所があり、ブローカ中枢は前頭連合野に、ウェルニッケ中枢は側頭連合野にある。ブローカ中枢は、言葉を話したり、文字を書いたりするときの筋肉の運動を司る領域で、ここに障害があると、言葉が話せなくなったり、限られた単語しか言えなくなったりする。また、文字を写すことはできるが、書けなくなってしまう。これに対して、ウェルニッケ中枢は言葉の意味を理解する領域である。ここに障害があると、言葉は話せてもその内容が不適切だったりする。

ブローカ中枢もウェルニッケ中枢もともに左脳にあるが、ウェルニッケ領域は一〇歳ころまでは右脳にも存在する。ウェルニッケに相当する箇所のプログラム死が、左脳より右脳に多く、右脳における退化が進んでゆく。しかしながら、一〇歳ころまでは、右脳におけるウェルニッケ領域の退化が進んでおらず、左脳のウェルニッケ領域の代償作用として働く。よって、一〇歳ころまでの失語症は、この代償作用によって治ってゆくが、それ以降の場合は、失語症が一生残ることがある。

次に、意欲に関わる領域について考えてみると、大脳辺縁系が重要な役割を果たす。大脳辺縁系には、欲求の中枢である視床下部、快・不快の判断をする扁桃核、そして、動機づけに関わる帯状回が存在する。帯状回は、大脳辺縁系の外側にあり、扁桃核が行った快・不快の判断と視床下部からの欲求をもとにして、行動へとかりたててゆく。うつ病のときには、扁桃核は活発になり、そう病のときには、帯状回が活発になるといわれている。視床下部は、自律神経である交感神経と副交感神経をコントロールしている。交感神経は、エネルギーを消費し、体を攻撃的な方向に向けてゆく。これに対して副交感神経は、エネルギーを蓄積し、体を安静にしているときに働く。交感神経が働くことによって、橋の青班核からノルアドレナリンが分泌される。ノルアドレナリンは「闘争神経」と呼ばれ，危機に立ち向かうときに分泌される。また、交感神経が活発になることによって、副腎髄質からアドレナリン（闘争ホルモン）も分泌され、ノルアドレナリンとアドレナリンが一緒になって危機状態に立ち向かうことになる。ノルアドレナリンは、恐れと驚きを伝える神経伝達物質で、アドレナリンは、怒りを伝える神経伝達物質である。パニック障害は、ノルアドレナリンが過剰に分泌されることと関連するといわれている。逆に、ドーパミンは、リラックスしているときに分泌される。ドーパミンは、喜びや快楽を伝達する神経伝達物質で、ドーパミンの分泌は、細胞の再生を促進し、免疫力や自然治癒力を増加させるのに対し、ノルアドレナリンは細胞の再生を抑制する。セロトニンは、橋の縫線核より分泌され、アドレナリン、ノルアドレナリン、ドーパミンの分泌をコントロールする。セロトニンは、ストレスを受けることによって減少し、その減少によって感情のコントロールがきかなくなり、不安が高まってくる。セロトニンの伝達量が多いと、社交的になるが、少ないと攻撃的で行動を抑えることができず、いらいらする。

四．大脳と記憶

私たちは、覚えた事柄を保持し、そして、必要なときにそれを取り出してくる。自分の住所を記入するときには、住所が思い出される。覚えたものを思い出すことができるということは、それをどこかに貯蔵しているということである。私たちは、記憶した内容をどこに貯蔵しているのであろうか。大脳における記憶の座は、一ヶ所ではなくいくつかの部位で行われている。その一つが大脳辺縁系の海馬である。

H. M. という男性は、てんかんの手術のため、二七歳のときに側頭葉内側部を両側とも切除した。その結果、意識を取り戻した後、三年ほど前からの記憶を完全に消滅してしまった。二〇代前半までの記憶はあるのに、それ以降の記憶が全くなかったのである。また、直前に起こったことも覚えらないし、新しいことも全く学習することができなかった。しかし、ピアノを弾いたりする手続き記憶には、問題はなかった。H. M. が切除した側頭葉内側部には、鉤、扁桃核、海馬回、海馬が存在する。また、他の事例から、側頭葉内側部の手術が、鉤、扁桃核のみの場合には、記憶障害が起こらないことが明らかになっている。これより、海馬は、最近の出来事の記憶、特に短期記憶を長期記憶に転送する過程、記憶の固定に関係することが知られている。二つ目の記憶の座としては、間脳が挙げられる。N. A. という男性は、二二歳のときにフェンシングの剣が右の鼻孔から左上方に突き抜け、左脳の視床内側部に損傷を起こすという事故に見舞われた。事故後、N. A. は、言語的記憶の障害を起こすようになった。しかし、運動技能や認知的技能の学習や位置の記憶では障害を示さない。また、健忘の期間は、事故の半年前から一年半以前までの短期間の出来事に限られていた。コルサコフ症の患者の場合は、最近の出来事の記銘や再生の障害を起こす。コルサコフ症患者の場合は、乳頭体や視床内側部に病変があり、間脳の乳頭体や視床内側部は、情報のコード化に関わるのではないかと考えられている。

三つ目の記憶の座は、前頭連合野である。前頭連合野に障害のある患者は、時間的順序に関する記憶障害が生じることが知られている。前頭連合野に障害のある患者にランダム図形やクリック音を提示して、それが六〇秒前に提示したものと同じか否か判断させると、毎回、刺激が異なる場合は、障害を示さないが、同じ刺激を繰り返し使用すると、障害を示すようになる。これより、前頭連合野は、再認障害ではなく、時間的文脈に関連した判断や記憶の障害と関わることが知られている。また、情報の時間的・空間的文脈に関する実験においても、障害を示すことから、情報それ自体は思い出せてもいつどこで入手したのかが思い出せないのである。四つ目の記憶の座として、小脳を巡る神経回路が挙げられる。この回路には、小脳と大脳基底核が含まれる。大脳基底核の病変で生じるハンチントン舞踏病は、コルサコフ症患者とは異なり、再生や再認では記憶の障害を示さない。しかし、鏡に映った裏文字をすばやく読み取るような認知的技能の学習などの手続き的記憶の障害を示す。

五　心のハードウエアを知れ

これまで見てきたように、大脳は心のハードウエアである。ハードウエアが壊れてしまうと、その部位に関わる心の機能は止まってしまう。その機能障害が、場合によっては、言語機能であったり、記憶機能であったり、感情機能であったりする。心のハードウエアが異常をきたさないように、常日頃からのメインテナンスが重要なのである。自動車にもそれにあった燃料があるように、脳にも、脳にあった栄養が必要である。心のハードウエアは、特殊な栄養補給を必要とするのである。脳の栄養素は、ブドウ糖である。脳をきちんと働かせるためには、血液中のブドウ糖（血糖）の濃度を適度に保つことが必要である。また、脳の構造や機能を守るためには、たんぱく質や脂肪も必要である。神経伝達物質であるセロトニンは、ストレスを受けることによって不足したりする。すると、いらいらしたりするようになる。常日頃から、栄養のバランスを考えておくことが重要である。このように考えると、ダイエットを行うということは、体重を減らすだけでなく、脳の機能も抑制しているということである。実際に拒食症が進むと正常な判断ができなくなるが、それはこのことからもいえよう。

15 ライフデザインを始めよう

いざ、将来へ

一．ライフデザインについて

ライフデザインとは、人生設計のことで、自分の将来をどのように設計してゆくかについて考えてゆく。大学一年生に将来なりたい職業を尋ねてみると、まだ、決まっていないという学生が意外と多い。決まっていても、その職業について詳しく知っている訳ではない。大学四年生になって、就職活動の段階になってもまだ決まっていない人がいる。大学時代は、自分探しの旅をする時期であるので、勉強をするだけでなく、将来自分はどのような職業に就くのかも決めてゆく必要がある。四年生の段階で将来の職業が決まっていないというのは、自分探しの旅がまだまだ足りない状況であると考えられる。大学四年間では、自分探しの旅は終結していないケースは多いかもしれないが、ある程度の方向が見えていないと、今後の人生にいろいろと不都合が生じてくる。特に、企業に就職する場合は、ほとんどの人が、大学卒業見込みで就職しており、大学卒で就職をすると中途採用で就職をすることになってしまう。また、基本的に年齢で給与体系が決まっているので、二二歳に近い年齢で就職することが重要である。よって、大学四年の就職時期に就職先が決まらず、大学を卒業してしまい、フリーターとなってから就職先を見つけようとすると、なかなかうまくゆかないケースが多い。大学四年生は、大きく二つの岐路に立たされる。大学卒業後、就職するか、大学院に進んで研究職に就くかの大きな選択である。中には、自営業を継ぐという人もいるであろうし、あるいは、自分で会社を設立することを考えている人もいるであろう。あるいは、教員になるという人、公務員になる人、そのような人は、前者に属すると考える。女性の場合であると、結婚をするという選択肢が加わるが、それも一応前者に属すると考えておく。中には、大学院を卒業してから、企業に就職するという人もいるであろう。基本的には、そのような人は、研究職として就職するので、大卒での就職とは意味が異なってくる。また、大学院を卒業してから、研究職ではなく、大卒と同じ職業、例えば、営業職等で就職しようとすると、また、状況は異なってくる。一般的には、大卒よりも不利な状況になるかもしれない。よって、大学四年生で進路をはっきりするということは、いうまでもなく重要なことなのである。ただし、最近は、昔ながらの終身雇用制や年功序列制度がなくなってきている企業も増えてきているようであるので、大学を卒業して企業に就職したならば、定年までその企業に勤めているケースは、減少してゆくかも知れない。そのような場合、自分のキャリアアップのために、自分をさらに生かす場所へ転職するということになる。場合によっては、リストラや倒産などにより、不本意に転職をせざるを得ない場合もある。このようなときでさえ、自分には何が向いているのか、自分はどの方向へ行けばよいのか、人生目標が決まっていることが、自分にとっての重要な羅針盤となる。この意味において、ライフデザインとは、自分の人生航路の羅針盤作成のことである。羅針盤が正確であればあるほど、自分が望んだ方向へ、自分を進められるということである。この章では、この羅針盤作成の手がかりを探ってゆく。

二.目標の設定

(一) 自分を見つめる (実現可能性)

ライフデザインにおいてまず重要なことは、人生の目標設定である。自分が進んでゆく方向を決めてゆく。基本的には、自分は将来何をしたいのかを決めてゆくのであるが、これがわからないゆえに悩んでいる人も多い。そのようなとき、自分には何ができるのか、社会に自分はどのような貢献ができるのか、それを考えてみるのがよいであろう。これは、アドラーのいう使用の心理学である。自分に与えられていない資質ではなく、自分に与えられた資質をどのように生かすかということである。基本的には、自分の将来は、自分の過去の延長上にあるので、自分の過去を見なおすと、将来への道が見えてくることがある。過去において、自分が一生懸命力を入れてきたこと、自分が得意なこと、どのような困難に遭遇しても続けていけそうなこと、これらのことが、自分の過去において存在するかどうか、存在すれば、その近くに自分の人生目標が存在する可能性が高い。人生目標は、一度決めたならば、二度と変えてはいけないというものではない、人生を歩んでゆく中で、自分によりよいものが見つかれば、その時点で再び本当に望む方向へ進路を変えてゆけばよいのである。重要なことは、その時点まで人生目標を立てて、しっかり歩いてきたということである。この経験があれば、人生目標を変えるときにも、正しい方向転換ができるというものである。すなわち、人生目標を立てたという経験が、新たな人生目標の設定に役立つのである。

(二) 将来の目標を考える

とりあえず人生目標が決まったならば、それがいつ頃達成されるべきかを決めてゆく。例えば、現在二二歳の人が、四〇歳で会社社長になろうという人生目標を決めたならば、一〇年後である三二歳の自分を思い描き、自分はどのようになっている必要があるのかを考えてゆく。同様にして、五年後、二年後、一年後の自分を考え、それを達成するためには、どのようなサブゴールを立てればよいかを考えてゆく。このようなプロセスによって、自分がこれから何をしてゆく必要があるのかが見えてくる。すなわち、足元をみれば、将来の道が見えてくるのである。しかしながら、一〇年後の自分が思い描けないという人もいるであろう。それは、人生目標を立てたものの、その人生目標についての知識が足りないからである。例えば、会社社長になりたいという人生目標を立てたならば、社長になるためには、どのような道があるのかを調べなければならない。これは、目的地が決まったならば、目的地までの地図を手に入れることである。世の中に目的地までの地図がある限り、それを利用すべきである。人生目標における地図は、先人で社長になった人がどのような道を歩いてきたかを徹底的に調べることである。これが、地図作成になる。専門的には、「経路探索」と呼ばれる。目標までの経路は緻密であればあるほど、目標までたどりつく可能性が高くなる。人生経路においては、普通の道路以上に整備されていないところが多く、通行禁止や、回り道の経路がたくさん存在する。そのようなとき、経路が緻密であると、迂回路を簡単に見つけることが可能になってゆく。例えば、実際問題として社長になろうと思ったとき、重要なことは社長には一人しかなれないということである。人数制限の問題である。これは、旅行における目標設定のときにでも生じることであるが、人生目標のときの方がより厳しい。このようなとき、どのようにして社長となる人が一人選ばれてゆくのかについて知っている場合と、知らない場合では、だいぶ事情が異なる。旅行の場合は、早い者勝ちで決まることが多いが、社長の場合はどうであろうか。場合によっては、早い者勝ち、すなわち、年齢が上の人あるいは、勤続年数が多い人の方が社長になりやすいという場合もあるかもしれない。さらには、キャリアを積んでいる人の方が社長になりやすいかもしれない。このように考えてゆくと、社長になる場合も早いもの勝ちという原則が成り立ちそうである。よって、誰よりも先に社長になる条件を満たした方が、社長になりやすいということがみえてくる。四〇歳で社長になるためには、三二歳ではどのようなキャリアを積んでいなければならないのかを知ることが重要になってくる。そして、そのキャリアをその歳までに積んでおけば、社長への道はだんだんと見えてくる。これは、「サブゴールの設定」と呼ばれる。現在自分のいる地点から、目標地点までに通過すべき地点のことであり、これを通過しないと次の段階へはゆけないことが多い。ただし、目標までの経路は一つとは限らないので、経路によってはサブゴールが異なる場合もある。よって、目標までのいろいろな経路を知っていることは、大変重要なことなのである。

(三) モデルの発見

この経路探索のためにまず必要なのが、地図作成のもとになる先人の発見である。社長になりたければ、社長になった人を見つけることである。これは、モデルの発見である。まず、自分の将来のモデルを探すことである。車のデザイナーになりたければ、車のデザインで成功している人を見つけ、その人を徹底的に調べることである。そして、経路を発見することである。では、先人のいないような目標を立てたときは、どうすればよいのであろうか。それに最も近い人を見つけることである。場合によっては、何人かの人を組み合わせる必要もあるかもしれない。川を渡るときに、橋がかかっていなければ、橋に代わるものを見つけて代用すればよいのである。先人がいないということは、道なき道を開拓してゆくわけであるので、できるだけ開拓されているところを通り、目標に近づいてから、新たな道を開拓することになる。人によっては、モデルが近くにいない、あるいは、モデルがなかなか見つからないと思う人がいるかもしれない。しかし、それは、モデルのレベルの問題であり、成功したモデルがいなくても、とりあえず、モデルに近い人が、それなりに自分の近くにいるものである。都会では、鳥が住んでいないと思っているとき、耳をすましていたら、鳥の声が聞こえたりするのと同様に、じっくりと耳をすましてみると、あるいは、周りの人をじっくりと観察してみると、不思議なことにモデルらしき人が見つかるのである。モデルらしき人が見つかると、その人を調べることを通して、より本格的なモデルに出くわすことが可能になってゆく。

(四) サブゴールの達成

モデルを発見し、経路が見えてきたとき、いよいよ次はサブゴールに到達することである。ある会社に就職して突然社長になるということはほとんどない。通常は、社長になるためには、係長、課長、部長、取締役を経験して、社長へと昇進してゆく。これらの役職が、通常の社長へのサブゴールであるが、そのサブゴールへ到達するためには、そのサブゴールに到達するまでの経路選択が必要になってくる。

同様にして、モデルを見つけ、経路を発見してゆくのであるが、目標が現在の地点から近ければ近いほど、到達が簡単であるので、それほど困難なことではない。現在地点から目標までの道のりが遠いほど、達成が難しくなるので、できるだけ到達可能なサブゴールを設定しながら、最終ゴールに近づいてゆくことが必要となる。サブゴールの中に困難なものがあると、とかく挫折しがちである。よって、できるだけ困難なサブゴールを避ける道があればそちらを通り、なければサブゴールをさらに細かなサブゴールに分解して到達可能にすることである。

サブゴールの中には、制限時間内では達成が難しくても、時間をかければ達成可能なものも多い。例えば、一年で英会話がマスターできなくても、三年かければマスターできる可能性が増してくるように、時間をかけるとうまくゆく場合が多い。よって、困難なサブゴールは、長期的に達成するようにすればよいのである。中にはどうしてもサブゴールを達成できない場合も存在する。例えば、バレーボールの選手になりたいのに身長が足りないといった場合である。このような場合、モデルの発見の段階で、そのような人が存在して、どのように活躍していったのかを調べてゆけば、自ずと道が見えてくる。サブゴールの達成においても、モデルの発見が重要になるのである。

三．いざ、将来へ

人生目標に向かって進んでいると、ある日、突然転機がやってくる。その転機は、場合によっては、人生目標までの距離を縮めてくれる場合もあれば、目標達成のための大きな障害になる場合もある。例えば、会社に新しい部署ができて、新たに部長職を必要とし、その話が自分のところにやってきたような場合である。そのときに、重要なことは、自分に正しい選択ができるかということである。自己決定と自己責任の原則に従って、そのチャンスを生かすかどうか決めるのである。社長職を目指す人間にとって、このようなときに正しい選択ができなければ、後々心細いというものである。正しい選択ができるためには、前もって、そのようなことが起こる事態を常に予測しておくことである。新入社員のときから、社長という視点から新入社員の自分を観察していれば、自分がどういう行動をとればよいかが見えてくる。迷路課題を解くときに、入口から出口までの道を探すのではなく、出口から入口をたどってゆくという方法もとると、迷路が解け易くなる。人生迷路の場合も同じで、社長という目標から現地点をみると、自分がどのように行動したらよいかが見えてくる。これは、問題解決におけるトップダウン型処理である。問題が発生したときに問題を解決する方法として、「ボトムアップ型処理」、「トップダウン型処理」の二種類が考えられる。ボトムアップ型処理は、データ駆動型処理と呼ばれ、既に与えられている情報をもとにして問題を解決する方法で、迷路課題でいえば、入口から少しずつ出口を見つけてゆく方法である。これに対して、トップダウン型処理は、自分の知識を利用して仮説検証的に問題を解決してゆく方法である。迷路課題でいえば、出口から入口への道も考慮にいれて解く方法である。このトップダウン的な見方が人生設計においても重要なのである。新入社員になった時点から、社長という視点で自分の行動、会社の状態、顧客の状態をみてゆくと、自ずと社長としての資質も磨かれてゆく。この考え方が重要で、社長になってから社長として行動するのではなく、より早い段階から社長としての準備をしておくことが重要なのである。「徹底的な準備は、その人を成功に導く」のである。

世の中には、不本意に自分の道を変えなくてはならいときもやってくる。例えば、せっかく入学した大学も親のリストラのために授業料が払えずに、大学を去ってゆく学生もいる。または、病気になったり、怪我をしてしまって、本来の道からはずれてしまうことも生じてくる。そのようなとき、どのようにしたらよいのであろうか。これは、可能性がどこまで残っているかに依存する。例えば、時間をかければもとにもどれるのか、時間をかけても二度と手に入れることができないのか、状況次第である。本来の目標にたどりつかないときでも、それに近い目標に到達できることも多い。例えば、不本意ながらも授業料の安い大学へ転学するという場合である。目標までの経路は一通りではなく、いくつも存在するので、経路を変えることによって多少時間はかかっても思い通りにたどりつくこともできる。準備さえできていればチャンスは再び訪れるので、それを待っていればよいのである。不思議にも準備をしていると、チャンスは向こうからやってくるものである。また、道を変えることによって、新たなチャンスも生まれてくるので、十分な準備をしながら「時」を待っていればよいのである。

ライフデザインの本来の目標は、人生目標を立てることではなく、自分の可能性を最大限に伸ばすということである。自分の資質を発掘し、自分を最大限生かしてゆくことである。人生の目標は、自我の確立と自己実現である。完成された自分が、人生の最終地点にあり、それを目指して、日々自分を磨いてゆくのである。そのためには、自分を伸ばすための環境設定が重要になってくる。大学生以降の自我は、自分で作る自我であるので、どのような自我に育ててゆくか、環境を設定してゆくのである。自分の将来に必要な要素を少しずつ集め、自分の環境に置いておくことである。そして、常日頃から、新しい要素を自分の中に取り入れてゆく練習をしておくのである。「練習は、不可能を可能にするのである（小泉信三）」。

ライフデザインをとりあえず決めたら、いよいよ将来への船出である。ライフデザインは、地図であり、羅針盤である。羅針盤をもとに船を漕ぎ出そう。途中でゆきつく島は、サブゴールである。次の島までの距離が短いと楽である。適宜、島を見つけて、少しずつ前進しよう。島の先には、目標の大陸が待っている。あきらめたら終わりである。休みながらでも、少しずつ進むことに意義があるのである。

参考文献

穐山貞登　一九七五　創造性　培風館
秋山さと子　一九八二　ユングの心理学　講談社現代新書
秋山さと子　一九八八　ユングの性格分析　講談社現代新書
アドラー、A著　岸見一郎訳　野田俊作監訳　一九九六　個人心理学講義　一光社
石井慎二編　一九七九　別冊宝島一五　夢の本　インナースペース(内世界)への旅　JICC出版局
岩田誠監修　一九九九　図解雑学　脳のしくみ　ナツメ社
上田吉一　一九九一　人間の完成――マスロー心理学研究　誠信書房
ウォールマン、B・B著　杉浦一昭監訳　一九八五　知能心理学ハンドブック　第1編　田研出版
江川亮　一九六八　知能と環境　児童心理　一三六―一四三頁
大平勝馬　一九六二　都市と農村児童の知能と国語学力に関する研究　教育心理学研究　一〇　一〇七―一一二頁
大貫敬一・佐々木正宏編著　一九八七　パーソナリティの心理学　福村出版
大山正　一九八四　実験心理学　東大出版会
小此木啓吾　一九七九　モラトリアム人間の心理構造　中央公論社
小此木啓吾　一九九六　慶應SFC人間環境ライブラリー　八　メディアエイジの精神分析　日科技連出版社
恩田彰　一九八〇　創造性開発の研究　恒星社厚生閣
鹿毛雅治　一九九四　内発的動機づけ研究の展望　教育心理学研究　四二　三四五―三五九頁
桂　広介・園原太郎・波多野完治・山下俊郎・依田　新監修　岡本夏木・古沢頼雄・高野清純・波多野誼余夫・藤永　保編　一九六九　児童心理学講座　第五巻　知能と創造性　金子書房
上出弘之・伊藤隆二編　一九七二　知能――人間の知性とは何か　有斐閣双書
河合隼雄　一九七七　無意識の構造　中公新書
河合隼雄　一九六七　ユング心理学入門　培風館

木村 裕・大木幸介・堀 哲郎 一九九二 欲望・感情の脳 読売科学選書
小谷津孝明編 一九八二 現代基礎心理学四 記憶 東京大学出版会
桜井茂男 一九九〇 内発的動機づけのメカニズム 風間書房
シーゲル、I・E・コッキング、R・R共著 子安増生訳 一九七七 認知の発達 乳児期から青年期まで サイエンス社
篠田有子他 一九八五 家族の就寝形態の研究 財団法人小平記念会編 家庭教育研究所紀要 六 四三―六四頁
杉田峰康 一九八五 交流分析 内山喜久雄・高野清純監修 講座サイコセラピー 八 日本文化科学社
杉田峰康・国谷誠郎 一九八八 脚本分析 チーム医療
スチュアート、I・ジョインズ、V著 深沢道子監訳 一九九一 TA TODAY 実務教育出版
高田明和 一九九六 感情の生理学――こころをつくる仕組み 日経サイエンス社
高田利武・丹野義彦・渡辺孝憲 一九八七 自己形成の心理学 川島書店
高橋良幸・東江康治 一九六三 都市移住児童の知能の変動について 日本心理学会二七回大会発表論文抄録
詫摩武俊編 一九七四 性格心理学 大日本図書
詫摩武俊編著 一九七八 性格の理論 誠信書房
詫摩武俊・瀧本孝雄・鈴木乙史・松井 豊 一九九〇 性格心理学への招待――自分を知り他者を理解するために 梅本堯
夫・大山 正監修 新心理学ライブラリー サイエンス社
鑪幹八郎 一九九〇 心の宇宙を探検する夢の心理学 山海堂
津留 宏 一九七〇 青年心理学 有斐閣双書
デシ、E・L著 安藤延男・石田梅男訳 一九八〇 内発的動機づけ――実験社会心理学的アプローチ 誠信書房
長嶋洋治監修 渡辺由貴子・渡辺 覚著 一九九八 図解雑学 ストレス ナツメ社
二木宏明 一九八九 ブレインサイエンスシリーズ 四 脳と記憶――その心理学と生理学 共立出版
西平直喜・久世敏雄編 一九八八 青年心理学ハンドブック 福村出版
日本化学会編 一九九二 ストレスを科学する 大日本図書
日本創造学会編 一九八八 創造性研究と測定 共立出版
野口 薫編著 一九八六 心理学の基礎 北樹出版

野田俊作　一九九三　アドラー心理学トーキングセミナー　星雲社
野田俊作　一九九三　続アドラー心理学トーキングセミナー　星雲社
波多野完治監修　一九八四ピアジェの発生的認識論　国土社
波多野完治編　一九八六ピアジェの認識心理学　国土社
波多野誼余夫・稲垣佳世子　一九八一　無気力の心理学　中公新書
速水敏彦　一九九五　内発と外発の間に位置する達成動機づけ　心理学評論　三八　一七一―一九三頁
速水敏彦　一九九八　自己形成の心理――自律的動機づけ　金子書房
藤永　保・三宅和夫・山下栄一・依田　明・空井健三・伊沢秀而編　一九七八　乳幼児心理学　テキストブック心理学(三)　有斐閣ブックス
フレージャー、R・ファディマン、J編著　一九九五　自己成長の基礎知識一――深層心理学　春秋社
別府真琴　一九九九　自分らしさの「タイプB」――病気になる性格・ならない性格　朝日ソノラマ
マスロー、A・H著　上田吉一訳　一九九一　完全なる人間―魂のめざすもの誠信書房
宮城音弥　一九六〇　性格　岩波新書
宮田加久子　一九九一　無気力のメカニズム　その予防と克服のために　誠信書房
宮本美沙子　一九八一やるきの心理学　創元社
無藤清子　一九七九　自我同一性地位面接の検討と大学生の自我同一性　教育心理学研究　二七　一七八―一八七頁
八木冕監修　一九七六　講座心理学九　知能　東京大学出版会
山内弘継　一九九四　達成動機づけとそれに関連した行動の分析　近代文藝社
山内光哉編著　一九八三　記憶と思考の発達心理学　金子書房
山田雄一　一九八六　適性と性格　詫摩武俊監修　鈴木乙史・清水弘司・松井　豊編　パッケージ性格の心理　一八四―一九九頁
湯川良三編　一九九三　新・児童心理学講座　第四巻　知的機能の発達　金子書房
ロッター、J・B・ホックレイク、D・J著　詫摩武俊・次郎丸睦子・佐山菫子訳　一九八〇　パーソナリティの心理学　新曜社

渡辺利夫　一九九八　自己表現としての理想的住環境——住まいが性格形成に与える影響　住宅・土地問題研究論文集　二二　一六七—一八一頁

Belmont, J.M., & Butterfield, E.C. 1971 Learning strategies as determinants of memory performance. *Cognitive Psychology*, **2**, 411-420.

Berlyne, D.E. 1958 The influence of the albedo and complexity of stimuli on visual fixation in the human infant. *British Journal of Psychology*, **49**, 315-318.

Collins, A.M., & Quillian, M.R. 1969 Retrieval time from semantic memory. *Journal of Verbal Learning and Verbal Behavior*, **8**, 240-247.

Craik, F.I.M., & Lockhart, R.S. 1972 Levels of processing:A framework for memory research. *Journal of Verbal Learning and Verbal Behavior*, **11**, 671-684.

Craik, F.I.M., & Tulving, E. 1975 Depth of processing and the retention of words in episodic memory. *Journal of Experimental Psychology:General*, **104**, 268-294.

Ebbinghaus, H. 1964 *Memory: A contribution to experimental psychology*. New York: Dover.(Originally published, 1885.)　H・エビングハウス著　宇津木　保訳　望月　衛閲　一九七八　記憶について　実験心理学への貢献　誠心書房

Getzeles, J.W., & Jackson, P.W. 1961 Family environment and cognitive style: A study of the sources of highly intelligent and of highly creative adolescents. *American Sociological Review*, **26**, 351-359.

Glanzer, M., & Cunitz, A.R. 1966 Two storage mechanisms in free recall. *Journal of Verbal Learning and Verbal Behavior*, **5**, 351-360.

Godden, D.R., & Baddeley, A.D. 1975 Context-dependent memory in two natural environments:On land and underwater. *Brirish Journal of Psychology*, **66**, 325-331.

Griffith, M. 1977 Effects of noncontingent success and failure on mood and performance. *Journal of Personality*, **45**, 442-457.

Guilford, J.P. 1956 The structure of intellect. *Psychological Bulletin*, **53**, 267-293.

Harlow, H.F. 1950 Learning and satiation of response in intrinsically motivated complex puzzle performance by monkeys. *Journal of Comparative and Physiological Psychology*, **43**, 289-294.

Harlow, H.F., & Mears, C. 1979 *The human model: Primate perspective*, V.H.Winston & Sons. 梶田正巳・酒井亮爾・中野靖彦訳 一九八五 ヒューマン・モデル 黎明書房

Hayamizu, T., Ito, A., & Yoshizaki, K. 1989 Cognitive motivational processes mediated by achievement goal tendencies. *Japanese Psychological Research*, **31**, 179-189.

Heron, W. 1961 Cognitive and Physiological effects of perceptual isolation. In P. Solomon et al.(Eds.), *Sensory deprivation*. Cambridge, Massachusetts: Harvard Univ. Press.

Hiroto, D.S. 1974 Locus of control and learned helplessness. *Journal of Experimental Psychology*, **102**, 187-193.

Holmes, T.H., & Rahe, R.H. 1967 The social readjustment rating scale. *Journal of Psychosomatic Research*, **11**, 213-218.

Lepper, M.R., Greene, D., & Nisbett, R.E. 1973 Undermining children's intrinsic interest with extrinsic rewards: A test of the "overjustification" hypothesis. *Journal of Personality and Social Psychology*, **28**, 129-137.

Marcia, J.E. 1966 Development and validation of ego identity status. *Journal of Personality and Social Psychology*, **3**, 551-558.

Mead, M. 1935 *Sex and temperament in three primitive societies*. New York, Morrow.

Murdock, B.B. Jr. 1961 The retention of individual items. *Journal of Experimental Psychology*, **62**, 618-625.

Murdock, B.B. Jr. 1962 The serial position effect of free recall. *Journal of Experimental Psychology*, **64**, 482-488.

Overmier, J.B., & Seligman, M.E.P. 1967 Effects of inescapable shock upon subsequent escape and avoidance responding. *Journal of Comparative and Physiological Psychology*, **63**, 28-33.

Radke, M.J. 1946 *The relation of parental authority to children's behavior and attitude*. University of Minnesota Press.

Reinöhl, F. 1937 Die Vererbung der geistigen Begabung. F. Lehmann. 大村清二訳 一九四二 性格の遺伝 肇書房

Rips, L.J., Shoben, E.J., & Smith, E.E. 1973 Semantic distance and the verification of semantic relations. *Journal of Verbal Learning and Verbal Behavior*, **12**, 1-20.

Rundus, D., & Atkinson, R.C. 1970 Rehearsal processes in free recall: A procedure for direct observation. *Journal of Verbal Learning and Verbal Behavior*, **9**, 99-105.

Spearman, C. 1904 "General intelligence," objectively determined and measured. *American Journal of Psychology*, **15**, 201-292.

Sternberg, R.J. (Eds.) 1982 *Handbook of human intelligence*. Cambridge University Press.

Symonds, P.M. 1937 *Psychology of parent-child relationships*. Prentice-Hall.

Thurstone, L.L. 1938 Primary mental abilities. *Psychometric Monograph*, No.**1**

Thomson, D.M., & Tulving, E. 1970 Associative encoding and retrieval: Weak and strong cues. *Journal of Experimental Psychology*, **86**, 225-262.

Weiner, B. 1980 *Human motivation*. Holt, Rinehart and Winston. 林 保・宮本美沙子監訳 一九八九 ヒューマンモチベーション——動機づけの心理学 金子書房

Winer, B. 1986 *An attributional theory of motivation and emotion*. New York: Springer-Verlag.

Weisberg, P.S., & Springer, K.J. 1967 Environmental factors in creative function. In Mooney, R.L., & Razik, T.A.(Eds.), *Explorations in creativity*. New York: Harper, 120-134.

Wessells, M.G. 1982 *Cognitive Psychology*. Harper & Row

Zechmeister, E.B., & Nyberg, S.E. 1982 *Human memory: An introduction to research and theory*. Brooks/Cole Publishing Company.

Zeaman, P., & House, B.J. 1963 The role of attention in retardate discrimination learning. In Ellis, N.R.(Ed.), *Handbook of mental deficiency*. New York: McGraw-Hill.

ま
マターナルデプリベーション　88
慢性ストレス　168
ミエリン化現象　128
無意識的情報収集　135
無強化　155
無気力　160
無気力行動　22
無条件刺激　152
無条件反射　153
無条件反応　152
無髄神経細胞　182
無罰傾向　36
メサイヤコンプレックス　40
メタ記憶　118
メタコンポーネント　129
メタ知識　131
モデル　4, 5, 7, 8, 14, 22, 86, 196, 197, 198
求める自殺　23
モラトリアム　10, 11, 34
モロー反射　95
問題空間　144
問題発見・解決型　104, 139, 146, 147

や
薬物依存型　72
優位欲求　56
有髄神経細胞　102, 182
有能感　156
夢分析　43
幼児期　4
抑圧　29
抑うつ型　72
欲求不満行動　35

ら
ライフスタイル　56 57, 58, 61
ライフデザイン　191, 193, 201
リハーサル　108, 111, 131, 132
リビドー　31
裏面的交流　70
流動性知能　125
領域固有性　98
類型論　78
ルーチン的問題解決　143
劣等感情　56
劣等機能　49, 52
レディネス　98, 101, 102
レム睡眠　46
連続強化　154
老賢者(オールドワイズマン)　43
ローカルハイ　145
論理脳　179

わ
YG性格検査　79, 83, 89

な

内因性精神障害　18
内言　98, 103
内向型　48
内向的感覚型　50
内向的感情型　50
内向的思考型　49
内向的直観型　50
内蔵緊張型　82
内的因果律　157
内的統制型　157
内胚葉型　82
内罰傾向　36
内発的動機　150, 152
内発的動機づけ　6, 150, 152, 155, 157
喃語　3, 95, 101
二因子説　124
日常的なハッスル　168
乳児期　3
ニューロン　180
人間脳　178
認知スタイル　130
認知的評価理論　157, 166
認知動機　147
ネットワークモデル　114
粘着質　80, 91
脳　177
脳波　184
脳梁　179
ノルアドレナリン　21, 170, 183, 186
ノンレム睡眠　46

は

パーキンソン病　178
パーソナリティ　60
発生的認識論　94
パニック障害　21, 186
バビンスキー反射　95
ハンチントン舞踏病　188
反動形成　29
反復夢　43
PTSD　169
被害妄想　19
引きこもり　73
非言語的情報収集　135
ヒステリー　21, 28, 31, 32, 81
ヒステリー性格　81, 91
非宣言的記憶　111
否定的自己概念　9
ヒューリスティック探索　144
表現行動　13
表面的交流　70
ひらめき期　135
不安神経症　21
副交感神経　185, 186
符号化特殊性理論　113
負の強化　155
負の強化子　154
部分強化　154
普遍的無意識　40
フラッシュバック　169
ブレインストーミング　142
ブローカ中枢　184
プログラム死　181
分化強化　153
分析心理学　40
分裂質　80, 91
ベータ波　184
ペルソナ　42
偏差IQ　123
偏執質　80
扁桃核　178, 185, 187
ポアンカレ型　137
防衛機制　29, 35, 36
忘却　109
縫線核　186
保持　105
ホスピタリズム　87, 99
ボトムアップ型処理　199
ホメオスタシス　150
ホメオスタシス性動機　150
ホルモン脳　179

操作動機　150
創造性　51, 66, 133, 138, 139, 140, 141, 143, 146, 147
創造的思考　138, 140
創造的態度　138, 141
創造的問題解決　144
そう病　185
相補的交流　69
側頭葉　180
側頭連合野　185

た

第一次シェマ　95
第一次循環反応　95
第一反抗期　4
対応行動　13
退行　30, 36, 139
第三次循環反応　96
代償　31
帯状回　178, 185
第二次シェマ　95
第二次循環反応　95
第二反抗期　8
大脳　178
大脳基底核　178, 183, 188
大脳新皮質　178, 180, 181, 183
大脳辺縁系　178, 183, 185, 187
タイプA　161, 171
タイプAC　171
タイプB　171
タイプC　171
太母(グレートマザー)　42
多因子説　124
脱衛星化　6
達成動機　151, 158
タナトス　31
短期記憶　111
短期貯蔵庫　110
男根期　31
知識獲得コンポートメント　129
知識吸収型　104, 139
乳探し反射　95
知的好奇心　155
知能　121
知能テスト　122
知能偏差値　123
中性刺激　152
中脳　178
中胚葉型　82
長期記憶　111, 114
長期貯蔵庫　110
超自我　29, 36
調節　93
跳躍伝導　180
貯蔵庫モデル　110
直感機能　48
データ駆動型処理　199
デジタル情報収集　133
手続き記憶　111
手伸ばし行動　95
デルタ波　184
てんかん　19
転換症状　21
典型性効果　116
同一性拡散　10, 11
同一性達成　10, 11
同化　93
動機づけ　152
登校拒否　22, 24
統合失調症　19, 24, 79
動作シェマ　95
投射　29
頭頂葉　180
頭頂連合野　180
道徳原理　29
逃避　30
動物脳　178
ドーパミン　20, 183, 186
時　47, 51, 201
特殊的好奇心　155
特性論　79
トップダウン型処理　199

社会的動機　150
収束的思考　103, 134, 137, 147
集団的ストレス　168
重要な他者　6
自由連想法　28
樹状突起　181
手段目標分析　145
順向性干渉　107, 108
準備期　135
上位自我　5, 36, 75
昇華　30
消去　154
消極依存型　57
消極競合型　58
条件刺激　152
条件反射　152
条件反応　153
情緒的動機　150, 151
衝動行動　22
小脳　188
情報処理コンポーネント　129
情報的側面　157
初回夢　43
所属と愛情の欲求　12
初頭効果　107
処理水準モデル　112
心因性精神障害　18, 21
新近性効果　107
神経細胞　102, 180
神経質　81
神経症　21, 22
親交　73
心身症　21, 22
人生設計　27, 50, 51, 61, 75, 76, 117, 131, 191
身体緊張型　82
身体知　103
身体的ストレス　168
新フロイト派　33
心理的ストレス　168
遂行コンポートメント　129
髄鞘　128, 182, 183
ストレス　10, 165, 186, 189
ストレッサー　166
ストローク　72, 73
頭脳緊張型　82
性格　78, 82, 83, 84, 171, 172
性格調査表　80, 81
性器期　32
制御的側面　157
生産的思考　103
成熟優位説　99
精神間機能　97
成人期　12
精神障害型　72
精神内機能　97
精神分析　29
精神力　173, 174
精緻化リハーサル　111
成長欲求　13
性的動機　150
青年期　7
正の強化子　154
性の本能　31
青斑核　186
生命脳　178
生理的欲求　12
積極競合型　58
摂食障害　22
セロトニン　20, 170, 175, 183, 186, 189
宣言的記憶　111
漸次的接近　153
線条体　178
全身的適応症候群　166
前操作期　96
前頭葉　180
前頭連合野　180, 184, 188
前脳　178
潜伏期　31
そううつ質　80, 91
そううつ病　20, 79
想起　105
早期完了型　10, 11

KJ法　143
ゲーム　73, 74, 76
結晶性知能　125
欠乏欲求　13
元型(アーキタイプ)　41
言語知　103
言語的思考　103
言語的情報収集　135
検索失敗説　109
検索方略　119
現実原理　29
検証期　135
権力への意志　56
行為障害　21, 22
交感神経　185, 186
好奇動機　150
攻撃依存型　57
攻撃行動　22, 36
交差的交流　70
交差的裏面的交流　70
口唇期　31
肯定的自己概念　9
行動形成　153
後頭葉　180
後頭連合野　180
後脳　178
肛門期　31
合理化　30
絞輪　182
個人的ストレス　168
個人的無意識　40
個性化の過程　41 43, 53
誇大妄想　19
固着　30, 36
古典的条件づけ　153
コルサコフ症　187, 188
コルチコステロイド　170
コンピテンス　155, 157

さ

再衛星化　8
最近接領域　97
再生的思考　103
細胞体　181
左脳　179
左半側空間無視　179
サピア・ウォーフ仮説　100, 103
サブゴール　53, 145, 156, 162, 194, 196, 197, 198
三上説　136
シータ波　184
シェマ　93
自我　1, 29, 41
自我の芽生え　4
視覚的思考　103
自我構造　65
自我同一性　2, 6, 9, 10, 34
軸索　181
自己(self)　41, 43
思考機能　49
自己概念　9
自己決定性　156
自己決定への欲求　156
自己肯定他者肯定型　67
自己肯定他者否定型　67
自己実現　12, 41, 47, 134, 171, 201
自己実現の過程　41
自己実現の欲求　12
自己破壊行動　22
自己否定他者肯定型　67
自己否定他者否定型　67
自殺　23, 36, 174
視床　178, 185
視床下部　178, 185
自然崩壊説　109
自尊欲求　12
児童期　5
児童虐待　24
シナプス　182
シナプス間隙　182
シネクティクス　142
死の本能　31
使用の心理学　56, 62, 193
自分探しの旅　2, 8, 192

エレクトラコンプレックス　40
エロス　31
延髄　178
オペラント条件づけ　153
オペラント水準　153

か
外因性精神障害　18
外言　98
外向型　48
外向的感覚型　50
外向的感情型　49
外向的思考型　49
外向的直観型　50
階層群因子説　125
外的因果律　157
外的統制型　157
概念的(認知的)葛藤　155
海馬　170, 178, 187
外胚葉型　82
外罰傾向　36
外発的動機　152
外発的動機づけ　152
下位目標分析　145
快楽原理　29
解離症状　22
カイロス　47
カインコンプレックス　40
拡散的好奇心　155
拡散的思考　103, 134, 142, 144, 147
学習性無気力　160
影　41
過食症　22
下垂体　178
活動　73
活動電位　181
家庭内暴力　24
構え　146
感覚運動期　94
感覚記憶　110
感覚機能　48
感覚遮断　141, 150
感覚貯蔵庫　110
環境優位説　99
感情喚起モデル　158
感情機能　49
干渉説　107, 109
感性動機　150
感性脳　179
間脳　178, 187, 188
ガンマ波　184
記憶方略　118
儀式　73
気質　77, 82
拮抗禁止令　71
機能的固着　145, 146
気晴らし　73
基本的構え　67
基本的信頼感　4, 33
記銘　105
記銘方略　119
逆向性干渉　107, 108
脚本　71
脚本分析　71
急性ストレス　168
吸啜反射　95
キュルレ型　137
強化子　153
共時性　47
共同体　59
強迫行動　21
強迫思考　21
強迫神経症　21
恐怖症　21, 189
拒食症　22, 189
禁止令　71
具体的操作期　96
グリア細胞　180, 183
クロノス　47
群因子説　124
形式的操作期　96
系列位置曲線　107
系列位置効果　107
経路探索　195

ピントナー(Pintner, R.)　121
ブルーナー(Bruner, J.S.)　134
ブロイエル(Breuer, J.)　32
フロイト(Freud, S.)　28, 32, 33, 34, 39, 40, 41, 55, 56
フロム(Fromm, E.)　33
ヘロン(Heron, W.)　150
ポアンカレ(Poincaré, H.)　133, 136
ボウルビィ(Bowlby, J.)　87
ホームズ(Holmes, T.H.)　169

ま

マズロー(Maslow, A.H.)　12, 134, 149
マックレランド(McClelland, D.C.)　158
マレー(Murray, E.J.)　149, 150
ミード(Mead, M.)　88
無藤清子　11

や

山田雄一　91
ユング(Jung, C.G.)　39, 40, 41, 45, 47, 49, 50, 51, 53

ら

ラーエ(Rahe, R.H.)　169
ライネール(Reinöhl, F.)　126
ラザラス(Lazarus, R.S.)　166
ラドケ(Radke, M.J.)　85
ランダス(Rundus, D.)　108
リップス(Rips, L.J.)　117
レッパー (Lepper, M.R.)　156
ロックハート(Lockhart, R.S.)　112

わ

ワイスバーグ(Weisberg, P.S.)　139
ワイナー(Weiner, B.)　158
ワトソン(Watson, J.B.)　99
ワラス(Wallas, G.)　135

事項索引

あ

IQ　122
遊び　6
あきらめの自殺　23
あたため期　135
アタッチメント　33, 87, 88
アドレナリン　170, 183, 186
アニマ　42
アニムス　42
アルゴリズム探索　144
アルファ波　184
アレンジメント　48, 53
安全の欲求　12
アンドロジェン　151
意識的情報収集　135
維持リハーサル　111
イド　29
意味記憶　111
意味情報　111
意味的特徴モデル　116
ウェルニッケ中枢　184
うつ病　20, 185
右脳　179
運動連合野　180
衛星化　5
エゴグラム　66, 67, 68, 75
エストロジェン　151
エディプスコンプレックス　31, 34, 40
エピソード記憶　111

人名索引

あ

アトキンソン(Atkinson, R.C.)　108
アドラー(Adler, A.)　32, 55, 56, 59, 61, 90, 193
江川　亮　127
エビングハウス(Ebbinghaus, H.)　106
ヴィゴツキー(Vygotsky, L.S.)　97
エリクソン(Erikson, E.H.)　4, 33, 36
王　陽修　136
オーバーマイヤー(Overmier, J.B.)　160
岡　潔　136

か

ガレヌス(Galenus, C.)　78
川喜田二郎　143
キャッテル(Cattell, R.B.)　125
キャノン(Cannon, W.B.)　150
キュビー(Kubie, L.S.)　137
キリアン(Quillan, M.R.)　114
ギルフォード(Guilford, J.P.)　79, 83, 134, 135, 137, 138
グリーン(Greene, D.)　156
クレイク(Craik, F.I.M.)　112
クレッチマー(Kretschmer, E.)　78, 79, 80
ケクレ(Kekule, F.A.)　136
ゲゼル(Gesell, A.)　99, 102
ゲッツェルス(Getzeles, J.W.)　140
コール(Cole, M.)　98
小泉信三　201
コリンズ(Collins, A.M.)　114

さ

サーストン(Thurstone, L.L.)　121, 124
サイモンズ(Symonds, P.M.)　85
サリバン(Sullivan, H.S.)　33
ジーマン(Zeaman, P.)　132
シャルコー(Charcot, J.M.)　32
シェルドン(Sheldon, R.)　78, 79, 82
ジャクソン(Jackson, P.W.)　140
ショウベン(Shoben, E.J.)　116
スタイナー(Steiner, C.)　72
スタンバーグ(Sternberg, R.J.)　129
スピアマン(Spearman, C.)　121, 124
スプリンガー(Springer, K.J.)　139
スミス(Smith, E.E.)　116
セリエ(Selye, H.)　165
セリグマン(Seligman, M.E.P.)　160

た

ターマン(Terman, L.M.)　121
タルヴィング(Tulving, E.)　113
ディアボーン(Dearborn, W.F.)　121
デシ(Deci, E.L.)　157
デメント(Dement, W.C.)　46
デューイ(Dewey, J.)　136
トーランス(Torrance, E.P.)　141
トムソン(Thomson, D.M.)　113

な

ニスベット(Nisbett, R.E.)　156

は

バーノン(Vernon, P.E.)　125
バーライン(Berlyne, D.E.)　151, 155
ハーロー(Harlow, H.F.)　86
バーン(Berne, E.)　65, 71
ハウス(House, B.J.)　132
ハルトマン(Hartmann, G.)　136
ピアジェ(Piaget, J.)　93
ヒロト(Hiroto, D.S.)　160

著者略歴

渡辺利夫《わたなべとしお》

1954年　東京に生まれる
1977年　同志社大学文学部文化学科心理学専攻卒業
1980年　慶應義塾大学大学院社会学研究科心理学専攻修士課程修了
1988年　カリフォルニア大学大学院社会科学部認知科学科博士課程修了(Ph.D.)
1990年　慶應義塾大学環境情報学部専任講師
2003年　慶應義塾大学環境情報学部教授
2019年　慶應義塾大学名誉教授

専門分野：ライフデザイン心理学，空間知覚，空間認知

心のライフデザイン
——自分探しの旅へのマニュアル——

2003年 10月 1日　初版第 1刷発行
2020年 6月 10日　初版第13刷発行
定価はカヴァーに表示してあります。

著　者　渡辺利夫
発行者　中西　良
発行所　株式会社ナカニシヤ出版
〒606-8161 京都市左京区一乗寺木ノ本町15番地
Telephone　075-723-0111
Facsimile　075-723-0095
郵便振替　01030-0-13128
URL　http://www.nakanishiya.co.jp/
E-mail　iihon-ippai@nakanishiya.co.jp

装丁／中田達幸・白沢 正
組版・印刷・製本／ファインワークス
Printed in Japan

ISBN978-4-88848-803-7